ESTIMULANDO
INTELIGÊNCIA

PIERLUIGI PIAZZI: **PROF. PIER**

ESTIMULANDO INTELIGÊNCIA

MANUAL DE INSTRUÇÕES
DO CÉREBRO DE SEU FILHO

3ª edição

goya

ESTIMULANDO INTELIGÊNCIA

COPIDESQUE:
Isabela Talarico

CAPA E PROJETO GRÁFICO:
Renata Polastri | Estúdio Bogotá

REVISÃO:
Luciane H. Gomide
Tamara Sender

DIAGRAMAÇÃO:
Juliana Brandt

**DADOS INTERNACIONAIS DE CATALOGAÇÃO NA PUBLICAÇÃO (CIP)
DE ACORDO COM ISBD**

P584e   Piazzi, Pierluigi
Estimulando inteligência: manual de instruções do cérebro de seu filho / Pierluigi Piazzi. - 3. ed. - São Paulo, SP : Goya, 2025.
192 p.; 14cm x 21cm.

ISBN: 978-85-7657-598-6

1. Educação. 2. Pedagogia. 3. Concurso. I. Título

2024-3886   CDD 370
                        CDU 37

ELABORADO POR ODILIO HILARIO MOREIRA JUNIOR - CRB-8/9949

ÍNDICES PARA CATÁLOGO SISTEMÁTICO:
1. Educação 370
2. Educação 37

**COPYRIGHT © PIERLUIGI PIAZZI, 2008
COPYRIGHT © EDITORA ALEPH, 2025**

**TODOS OS DIREITOS RESERVADOS.
PROIBIDA A REPRODUÇÃO, NO TODO OU EM PARTE,
ATRAVÉS DE QUAISQUER MEIOS, SEM A DEVIDA AUTORIZAÇÃO.**

goya
é um selo da Editora Aleph Ltda.

Rua Bento Freitas, 306, cj. 71
01220-000 – São Paulo – SP – Brasil
Tel.: 11 3743-3202

WWW.EDITORAGOYA.COM.BR

@editoragoya

SUMÁRIO

9   NOTA A ESTA EDIÇÃO
11 PREFÁCIO À SEGUNDA EDIÇÃO
17 INTRODUÇÃO

PARTE 1

OS SINTOMAS

25 1º SINTOMA: A NECESSIDADE DOS CURSINHOS
30 2º SINTOMA: AINDA BEM QUE EXISTE A TUNÍSIA

PARTE 2
O DIAGNÓSTICO

45 SOMOS TODOS MAL-EDUCADOS
51 AS AZALEIAS NÃO FLORESCEM
61 SOMOS TODOS ANALFABETOS

PARTE 3
A CURA

75 ORDEM UNIDA
89 ESCREVENDO NA AREIA
129 SABRINA

PARTE 4

A PROFILAXIA

138 EVITANDO INFECÇÕES
150 ENTRE O TÉDIO E O PÂNICO
163 O RESGATE DO PROFESSOR

PARTE 5

CONVALESCENDO

172 O Q.I. E A COR DOS OLHOS

181 CONCLUSÃO
187 REFERÊNCIAS
189 AGRADECIMENTOS

NOTA A ESTA EDIÇÃO

Chegamos à nova edição de *Estimulando inteligência* com um senso de dever cumprido e com a sensação de que ainda existe muito a ser feito. Dever cumprido pois milhares de exemplares destes livros foram vendidos e chegaram às mãos dos mais diversos estudantes do país. Sensação de que ainda existe muito a fazer pois a educação é uma tarefa constante, atemporal e sempre necessária.

Meu pai, professor por anos e uma pessoa que tinha o magistério como vocação de vida, escreveu estes livros principalmente para ajudar os alunos, pais e professores.

Ele dedicou os últimos anos de vida a ministrar palestras por todo o Brasil, com o intuito de alertar alunos, pais e educadores de que o sistema educacional brasileiro precisa ser revisto urgentemente. Essa sua eterna disposição para falar sobre o tema ficou gravada em diversas aulas, que agora estão reunidas na plataforma:

www.professorpier.com.br

Lá, você vai encontrar também as resoluções para as atividades propostas neste livro.

Espero que esse novo recurso instigue ainda mais a inteligência e a vontade de aprender — que são, no fundo, a mesma coisa — de todos.

Adriano Fromer Piazzi

PREFÁCIO À SEGUNDA EDIÇÃO

*Nada é tão ruim que
não possa piorar!*

(5ª Lei de Murphy)

A primeira edição deste livro ocorreu em 2008. Nela, como o leitor verificará nas próximas páginas do presente volume, alertei as famílias sobre alguns dos terríveis equívocos que estávamos cometendo com crianças, jovens e – por que não? – adultos.

Infelizmente, entre a primeira e esta segunda edição, vi os equívocos aumentarem de forma assustadora!

Não é de meu feitio ser apocalíptico, mas não consigo me manter acomodado perante a crescente onda de imbecilidade que está invadindo nossa sociedade.

Criou-se tamanha ansiedade na busca do que é ser "antenado", na procura desvairada de se manter "na crista da onda", que a tecnologia, uma valiosíssima ferramenta para o desenvolvimento intelectual, acabou se transformando em um fator fortíssimo de embrutecimento mental!

Dê um martelo para um carpinteiro e ele será capaz de confeccionar coisas maravilhosas. Dê o mesmo martelo a um imbecil e provavelmente ele vai usá-lo para cometer atos de vandalismo.

Da mesma forma, a tecnologia digital pode ser usada para fazer coisas maravilhosas que, antes de seu advento, não poderiam sequer ser imaginadas.

No nº 12 da revista *Micro Sistemas* (setembro de 1982), por exemplo, publiquei a listagem do primeiro software elaborado com finalidade didática no Brasil. Era algo muito simples, simulando os saltos que uma bolinha daria quicando no solo, em função do coeficiente de restituição do choque.

Muito simples, porém dificilmente realizável em um laboratório não virtual.

Na mesma época acabei publicando, como autor e editor, umas duas dúzias de livros e manuais de computação. Durante 15 anos, em parceria com meu colega e amigo Luiz Tarcísio de Carvalho Jr., atuei em programas de rádio ensinando principiantes de todas as idades a usar essa fantástica maquininha.

Tarcísio e eu elaboramos ainda um projeto denominado INTERMÁTICA, com a finalidade de utilizar o computador e a internet como ferramentas de pesquisa e interdisciplinaridade.

Não estou escrevendo tudo isso para exibir um currículo ao leitor. O único motivo, na realidade, é convencê-lo de que o autor do livro que você tem nas mãos não é um "velhinho tecnófobo".

Nesta obra há vários alertas – infelizmente, nesta segunda edição, estou sendo obrigado a acrescentar alguns e a reforçar outros. A invasão da tecnologia digital na vida diária das pessoas está por merecer uma séria discussão, e espero que o livro possa contribuir para represar uma verdadeira inundação de imbecilidade que está assolando nossa sociedade.

E, para piorar ainda mais essa situação, outra invasão está destruindo o pouco de bom que ainda existia nas escolas: o "construtivismo" e todas as outras bobagens que vêm no seu séquito.

A coisa se tornou tão evidentemente deletéria e defendida com unhas e dentes na maioria das faculdades de Pedagogia que me senti obrigado até a alterar o nome desta coleção.

Nas edições iniciais usei "neuropedagogia", mas a palavra "pedagogia" adquiriu uma conotação tão negativa e tão oposta às minhas ideias que a substituí por "neuroaprendizagem", ou seja, como aprender utilizando o que conseguimos descobrir com as neurociências.

Felizmente a maioria das escolas particulares já erradicou essa besteira de seus projetos pedagógicos, e as que não o fizeram estão falindo (merecidamente).

Por outro lado, as escolas públicas ainda estão submetidas à ditadura de verdadeiras xiitas do construtivismo que, com sua insistência em um equívoco que já é mais do que comprovado, estão produzindo toda uma geração de crianças e jovens que não sabem ler, escrever ou executar as mais elementares operações matemáticas.

Em nome de uma suposta justiça social, o que está ocorrendo é, paradoxalmente, um maior distanciamento entre os alunos preparados em escolas públicas e os das escolas particulares. E as pedagocratas, em vez de consertar o mal pela raiz (reestruturando o ensino público básico), para poder manter teimosamente um paradigma[1] que obviamente fracassou, inventaram as tais cotas, como se isso fosse solução para o problema!

---

1   E seus bem-remunerados cabides de emprego!

Por isso e mais um pouco me permito, neste volume, esbravejar veementemente.

Afinal, é o futuro de seus filhos e de meus netos que está em jogo.

INTRODU— ÇÃO

We need them to realize that
what makes you a man is not
the ability to have a child – it's the
courage to raise one. As fathers
and parents, we've got to spend
more time with them, and help
them with their homework,
and turn off the TV set once
in a while. Turn off the video game
and the remote control and
read a book to your child.[2]

Barack Hussein Obama Jr.
(1961-)[3]

---

2   Precisamos perceber que o que faz de você um homem não é a habilidade de ter um filho – é a coragem de criá-lo. Como pais, devemos gastar mais tempo com eles ajudando-os nas tarefas de casa e desligando um pouco a TV. Desligue o videogame e o controle remoto e leia um livro para seu filho.

3   Em sua primeira campanha eleitoral.

O que me levou a escrever este segundo volume, dando continuidade ao *Aprendendo inteligência*, dedicado aos estudantes, foi a necessidade de alertar os pais para a extrema importância que eles têm no processo de crescimento intelectual de seus filhos.

Hoje, o que se nota é uma atitude de "terceirização da paternidade",[4] responsabilizando a escola por todos os problemas que surgem no processo educacional das crianças e dos jovens.

Ora, salta aos olhos que a escola brasileira está doente.

Ao menos para mim, que lecionei em cursos pré-vestibulares desde 1966, isso sempre foi muito evidente.

Aliás, resolvi elaborar a estrutura deste volume quase como se fosse um caso médico, identificando sintomas, fazendo um diagnóstico e propondo uma cura para nosso sistema educacional. No entanto, o que os pais precisam entender é que o sistema educacional não se constitui apenas da escola.

Como ensinei de modo insistente no curso de formação de terapeutas familiares (na pós-graduação da PUC de SP), um sistema é um conjunto de elementos, e esses elementos, porém, não são incluídos ou excluídos do conjunto arbitrariamente.

Existe um critério importantíssimo de inclusão: os elementos importantes são os que interagem entre si!

---

4   Aqui no sentido mais amplo de paternidade e maternidade.

No sistema escolar, os elementos que interagem pertencem a três categorias: aos alunos, às famílias e aos professores.

O sistema educacional está doente? Nas próximas páginas você irá perceber que está, sim, e que se trata de doença grave! Tem cura? Claro que sim!

O truque é simples: mais uma vez, retomando o que cansei de ensinar a meus alunos da PUC, basta lembrar que **SE VOCÊ ESTIVER PERDENDO O JOGO, NÃO PRECISA MUDAR OS JOGADORES... BASTA MUDAR AS REGRAS DO JOGO!**[5]

Milhares de alunos, de todas as idades, já leram o primeiro volume desta coleção e o retorno que obtive foi justamente o que esperava que acontecesse. Após a leitura, a reação dos leitores mais jovens costuma ser: "Minha maneira de encarar a escola mudou!".[6]

Em outras palavras, os alunos começaram a mudar as regras do jogo.

Com o presente volume, de número 2, espero que os pais também ajam de maneira idêntica, transformando a relação que têm tanto com os filhos quanto com os professores.[7]

---

5   Quando um time de futebol está perdendo, normalmente quem é substituído é o treinador, já que é ele quem dita as regras de como os jogadores devem se comportar durante uma partida.

6   E dos mais velhos é: "Pena que não li antes!".

7   O terceiro volume tenta mudar as regras do jogo junto aos professores.

Mudando as regras do jogo, teremos a possibilidade de transformar nosso sistema escolar em algo realmente eficiente e produtivo.

É o único, repito, o **ÚNICO** meio de fazer o Brasil se tornar um país de Primeiro Mundo.

Como já dizia o sábio chinês: "Se você vir um homem com fome, não lhe dê um peixe... ensine-o a pescar".

O que o Brasil precisa é de menos demagogia e de mais inteligência na elaboração de um sistema educacional saudável para que todos aprendam a pescar.

O objetivo deste livro é justamente conscientizar os pais para que façam seu papel, mudando as regras que lhes cabe mudar. Além disso, os pais devem contribuir para que os outros dois parceiros do sistema (alunos e professores) alterem o modelo existente, no qual nosso sistema educacional está equivocadamente estruturado.

Os pais devem reclamar, sim, mas com conhecimento de causa, e precisam deixar de ser enganados por politiqueiros que escondem o péssimo desempenho dos estudantes e das escolas públicas, por meio de estatísticas manipuladas.

E, ainda, com conhecimento de causa, não podem mais se deixar enganar por estelionatários da educação que alardeiam escolas particulares "fortíssimas", ou por alegres pedagogas que organizam mil "festinhas"[8] para

---

8   Existe maior ABSURDO do que fazer festinha de Halloween no Brasil? Agora, só falta comemorar o dia de São Patrício colocando uma cartolinha verde na cabeça das criancinhas. Afinal, todos sabem que a imigração irlandesa no Brasil foi uma das mais significativas!

jogar "poeira" nos olhos das famílias. Os pais têm de assumir seu verdadeiro papel no sistema educacional, para que possam cobrar uma formação intelectual[9] DE VERDADE para seus filhos, dando um basta nessa palhaçada.

---

[9] Ao contrário do que muita gente pensa, a formação do caráter não é papel da escola, é obrigação da família. Justamente por querer se atribuir um papel que não é seu é que o sistema escolar brasileiro se tornou um antro de ineficiente demagogia.

PARTE 1

OS SINTOMAS

Por parte das "autoridades" de ensino há uma óbvia tendência a varrer para debaixo do tapete o péssimo desempenho que nossos alunos têm quando submetidos a exames internacionais como, por exemplo, o PISA, que comentaremos mais adiante. É indiscutível, portanto, para qualquer pessoa para quem não se tenham omitido informações,[1] que o Sistema Educacional Brasileiro está doente.

Disso ninguém duvida. O problema é que os verdadeiros sintomas dessa doença – crônica, já que se manifesta desde que o ensino público foi (intencionalmente) sucateado – nem sempre são corretamente identificados.

Além disso, há uma tendência quase criminosa por parte das "autoridades" de ensino de mascarar esses sintomas para poder apresentar resultados mais otimistas tanto interna (aos eleitores) quanto externamente (aos organismos internacionais).

Ao longo de minha extensa carreira tive a possibilidade de identificar dois sintomas que atestam a extrema gravidade dessa doença.

Vejamos quais são.

---

1 Omissão que ocorre em toda "informação" que os governos (federal, estaduais e municipais) veiculam em suas propagandas.

1º SINTOMA: A NECESSIDADE DOS CURSINHOS

People need to be reminded more often than they need to be instructed.[2]

Samuel Johnson
(1709-1784)

Senhores pais: o futuro de seus filhos está ameaçado não apenas pelas circunstâncias ambientais e sociais (como iremos ver mais adiante), mas também pela incompetência total e absoluta da esmagadora maioria das escolas brasileiras.

Como professor de "cursinho" – instituição que, insisto em afirmar, não deveria existir se a escola "regular" não

---

2   As pessoas precisam ser lembradas mais frequentemente do que ser instruídas.

fosse uma farsa – me sentia um pouco como um médico que atende, em uma UTI, as vítimas de erros médicos.

Em outras palavras, o "cursinho" é uma UTI educacional que atende as desesperadas vítimas de erros educacionais, o que não significa que as pessoas que trabalham no Sistema Educacional Brasileiro sejam incompetentes. Pelo contrário, ao longo de minha extensa vida de palestras pelo Brasil afora, tenho encontrado pessoas inteligentes, dedicadas, trabalhadoras e competentes que trabalham segundo as regras estabelecidas.

O que está errado são as regras!

Mais adiante, veremos que, com a ajuda das famílias, é extremamente simples alterar essas regras, transformando, de forma rápida, nosso sistema educacional num sistema de Primeiro Mundo.

Frequentemente, nessa luta por uma escola de verdade, sou muito criticado de modo preconceituoso pelas "tias Maricotas",[3] que se consideram as donas absolutas da verdade.

Furiosas, elas me jogam na cara o epíteto de "professor de cursinho",[4] dito como se fosse uma ofensa. Retruco

---

3   As "alegres pedagogas" das festinhas.

4   "Professor de cursinho" que já lecionou Teoria da Relatividade de Einstein na Escola Politécnica da USP, que já deu cursos de Teoria Geral dos Sistemas e Cibernética na pós-graduação da PUC e que já ministrou, como Professor de Técnicas Avançadas de Processamento de Dados, Inteligência Artificial, Configuração de Redes Neurais e Noções de Computação Quântica na Engenharia da Computação.

outra vez, dizendo que, se a escola que elas preconizam, com suas teorias desvairadas, realmente existisse, a instituição "cursinho" não existiria! Se não houvesse imperícia dos motoristas, não haveria necessidade de viaturas de resgate para atender as vítimas de acidentes rodoviários!

No fundo, o que acontece no Sistema Educacional Brasileiro é uma gigantesca e até criminosa hipocrisia. É tudo um faz de conta.

O cidadão frequenta, por exemplo, cinco anos de faculdade de Direito e consegue ser reprovado no exame da OAB. O que faz a seguir? Cursinho para a OAB!

O que aconteceu? Por que o "cursinho para a OAB"?

Simples: na faculdade não aprendeu Direito, aprendeu a tirar o diploma de Bacharel em Direito!

Imagine agora um "acadêmico" que frequentou seis anos da faculdade de Medicina. Repito: Medicina!

O que se espera que ele tenha aprendido ao longo desses seis anos?

Ora, medicina!

Pois bem, esse agora "doutor" vai prestar exame para residência e é obrigado a fazer um cursinho! Cursinho para residência médica!

Ou seja, frequentou uma escola que não ensina, mas dá diploma.

No cursinho, a situação inverte-se: ele frequenta uma escola que não dá diploma, mas ensina!

Querem mais exemplos? Pois não!

Alguém conhece alguma autoescola que ensine a dirigir?

Eu, não!

Todas as que conheço ensinam a "tirar carta", isto é, o candidato a motorista não aprende, mas obtém o papel! Depois, para não morrer na estrada, pois jamais chegou a engatar a terceira marcha, vai fazer um cursinho de direção defensiva[5] e aprende a dirigir, apesar de não ganhar nenhum papel!

Já vi as "tias Maricotas" criticarem cursinhos que prometem diploma de 1º e 2º graus em 15 (quinze!) dias, e não percebem que suas escolas fornecem diplomas tão fajutos quanto esses – com a desvantagem de tomar um tempo enorme do aluno!

Os exemplos são inúmeros, chegando aos mestrados e doutorados, mas creio que os que citei até aqui sejam suficientes. Neste momento, porém, queria chamar sua atenção sobre um pequeno detalhe: a culpa dessa situação não é da escola de seu filho, das "autoridades de ensino", da faculdade de Direito, de Medicina ou da autoescola.

Queridos pais e mães, a culpa é de vocês!

Mas, antes que você, indignado, jogue este livrinho no lixo, saiba, pelo menos, qual é o motivo dessa minha enfática afirmação.

---

5   Curso de verdade, não essa palhaçada instituída recentemente para renovação da CNH!

A culpa é de vocês, pais, porque fazem a cobrança errada. Cobram notas, boletins, diplomas e não cobram APRENDIZAGEM.

Se a cobrança fosse correta, o Sistema Educacional Brasileiro já teria sido depurado das escolas de faz de conta e já teria defenestrado as tias Maricotas de Brasília!

2º SINTOMA: AINDA BEM QUE EXISTE A TUNÍSIA

---

*Contra a estupidez até
os deuses lutam em vão.*

Friedrich von Schiller
(1759-1805)

Antes que algum leitor possa me acusar de "personalista", ou seja, de emitir opiniões baseadas exclusivamente em minha experiência pessoal, gostaria de apresentar alguns dados muito preocupantes.

Qualquer pessoa que faça uma visita ao site do INEP[6] ficará estarrecida com os resultados obtidos pelos estudantes brasileiros que fizeram a prova PISA.[7]

---

6   Instituto Nacional de Estudos e Pesquisas Educacionais Anísio Teixeira, disponível em: http://www.inep.gov.br

7   Programme for International Student Assessment (Programa Internacional de Avaliação de Alunos).

Esse exame é promovido pela Organização para Cooperação e Desenvolvimento Econômico (OCDE), uma entidade internacional e intergovernamental que reúne os países mais industrializados da economia do mercado.

Nesse exame, que envolve jovens de 15 anos de dezenas de países, não é medido o conhecimento, já que isso não teria sentido por serem os currículos escolares muito diferentes. No PISA são medidas, isso sim, as várias formas de inteligência que as escolas que esses alunos frequentaram deveriam ter desenvolvido.

Observe que, em eduquês,[8] a palavra "inteligência" é meio tabu, talvez devido a uma inconsciente autocrítica. Em vez disso, são utilizados termos na moda como "competências" e "habilidades". Pois bem, nesse exame são solicitadas "habilidades", como:

1. Sabe interpretar um texto?
2. Sabe interpretar um gráfico?
3. Sabe correlacionar informações?
4. Tem raciocínio lógico?
5. Tem raciocínio aritmético?
6. Etc.

Os alunos brasileiros submetidos a esse teste eram provenientes de escolas públicas e boas escolas parti-

---

8 Neologismo criado pelo brilhante Ministro da Educação (de PORTUGAL!) Prof. Nuno Crato. Como eu não sou tão bem-educado quanto o Prof. Nuno, prefiro chamar o "eduquês" de "pedagorreia".

culares e, em 2003,[9] obtiveram um vergonhoso penúltimo lugar! Mas, felizmente, existe a Tunísia. Se não fosse a Tunísia nós seríamos, simplesmente, o PIOR Sistema Educacional examinado do universo.

Ao tomar conhecimento desse vergonhoso resultado, as "autoridades de ensino" correram para repará-lo imediatamente. Adotaram uma providência "importantíssima"; eu diria até "crucial".

Em ocasiões anteriores, toda vez que se detectava o óbvio, ou seja, que o Sistema Educacional Brasileiro é uma catástrofe, os "gênios" de Brasília sempre preconizavam "mudanças drásticas".

A primeira mudança foi denominar o "curso primário" e o "ginásio" de 1º grau, o que, é claro, manteve tudo catastroficamente ruim. Mas, pelo menos, eliminou-se o exame de admissão, que era a maior evidência da incompetência do Sistema Educacional Brasileiro.

Depois, ao verificar a inutilidade da "drástica mudança", os "gênios" resolveram fazer outra, mais "drástica" ainda: denominaram o 1º grau de "ensino fundamental", criando uma terrível confusão, ao diferenciar o "Fundamental I" do "Fundamental II", impedidos que estavam de usar a terminologia normal: primário e ginásio.

Pressionados pelo vergonhoso resultado do PISA 2003, partiram, como já disse, para mais uma mudança. Alguém deve ter dito, numa das reuniões dos

---

[9] Cujo resultado chegou a meu conhecimento quando estava elaborando a 1ª edição deste livro.

"gênios" em Brasília: "Olha, pessoal, não dá mais para mudar apenas o nome. O povo já começou a desconfiar".

Provavelmente, depois de algumas horas remoendo e sugerindo absurdos, em uma atividade frenética que não poderíamos chamar *brainstorm* – pois isso pressupõe a existência de um *brain* –, finalmente alguém viu surgir uma luz no fim do túnel.

– Pessoal – alguém deve ter exclamado –, se não dá mais para mudar o nome, VAMOS MUDAR O NÚMERO! – E batizaram, no ensino fundamental, a "1ª série" de "2º ano".

Puxa! Nem as melhores mentes da história da humanidade teriam conseguido um lance de gênio como esse!

Eu sempre brinco dizendo que deve existir algum acordo secreto entre o MEC e os pintores das placas colocadas em frente às escolas deste país.

Obviamente, em 2006, o resultado continuou tão deprimente quanto o anterior! E, em 2006, repetiu-se o excelente desempenho da Finlândia.

É claro que, ao descobrir que a Finlândia tem o melhor sistema educacional do mundo, tanto no MEC, em Brasília, quanto na Secretaria da Educação, em São Paulo,[10] uma bem nutrida delegação de tias Maricotas foi fazer estágio na... ESPANHA!

– Mas por que Espanha? – você indaga.

---

10   Na época chefiada pelo famigerado Chalita, "autor" de mais de 60 livros!

Porque é fashion, ou seja, está na moda! A escola brasileira está nas mãos de um tipo de pessoa que poderíamos chamar experts na *haute couture* da Educação.

Em 2009, 65 países participaram do PISA.

A posição que o Brasil alcançou? 57ª!

- 1º CHINA (XANGAI)
- 2º FINLÂNDIA
- 8º JAPÃO
- 12º AUSTRÁLIA
- 14º HOLANDA
- 15º NOVA ZELÂNDIA
- 16º SUIÇA
- 20º ALEMANHA
- 21º REINO UNIDO
- 23º NORUEGA
- 24º PORTUGAL
- 25º DINAMARCA
- 30º ESTADOS UNIDOS
- 31º ESPANHA
- 33º SUÉCIA
- 35º FRANÇA
- 36º ITÁLIA
- 37º ÁUSTRIA
- 38º RÚSSIA
- 43º CHILE
- 44º ISRAEL
- 48º URUGUAI
- 51º MÉXICO

- 53º ARGENTINA
- 55º TUNÍSIA
- 56º COLÔMBIA
- 57º BRASIL
- 63º PERU
- 65º QUIRGUISTÃO

E a Finlândia ainda lá em cima![11]

Mas, na realidade, o que acontece na Finlândia? Nada de mais! Simplesmente, o Sistema Educacional Finlandês funciona baseado nos mesmos princípios que são utilizados, no Brasil, em alguns cursinhos.[12]

Há muitos e muitos anos venho gritando aos quatro ventos que o Sistema Educacional Brasileiro deve mudar suas regras, usando, por exemplo, as que são utilizadas em cursinhos sérios.

Será que as coisas melhoraram?

No momento em que escrevia esses acréscimos para a segunda edição, foi divulgado o resultado do PISA de 2012:

- 1º CHINA (XANGAI)
- 3º FINLÂNDIA
- 4º CHINA (HONG KONG)
- 7º NOVA ZELÂNDIA

---

11 E a Tunísia passou a gente!

12 Quando, finalmente, as "tias Maricotas" desconfiaram de que Barcelona estava *démodé*, foram a Helsinque analisar as escolas finlandesas, mas foram NO HORÁRIO ERRADO!

- 8º JAPÃO
- 9º AUSTRÁLIA
- 10º HOLANDA
- 12º NORUEGA
- 14º SUIÇA
- 17º ESTADOS UNIDOS
- 19º SUÉCIA
- 20º ALEMANHA
- 22º FRANÇA
- 24º DINAMARCA
- 25º REINO UNIDO
- 27º PORTUGAL
- 28º CHINA (MACAU)
- 29º ITÁLIA
- 33º ESPANHA
- 37º ISRAEL
- 39º ÁUSTRIA
- 43º RÚSSIA
- 44º CHILE
- 47º URIGUAI
- 48º MÉXICO
- 52º COLÔMBIA
- 53º BRASIL
- 63º TUNÍSIA
- 58º ARGENTINA
- 63º PERU
- 65º QUIRGUISTÃO

Continuamos no fundo do poço!

Pelo menos, para nosso consolo, estamos novamente à frente da Tunísia e passamos a Argentina![13]

Analisando um pouco mais detalhadamente os resultados de 2012, chega-se à conclusão de que, em vez de ir à Finlândia, as pedagocratas brasileiras deveriam visitar o Cazaquistão!

Vou explicar o porquê (antes que almas maldosas vejam alguma intenção nefasta nessa minha sugestão).

No site da OCDE há um aplicativo interessante[14] no qual você pode comparar o resultado de dois países ao longo dos anos.

Fiz a simulação comparando Brazil (B) e Kazakhstan (K):

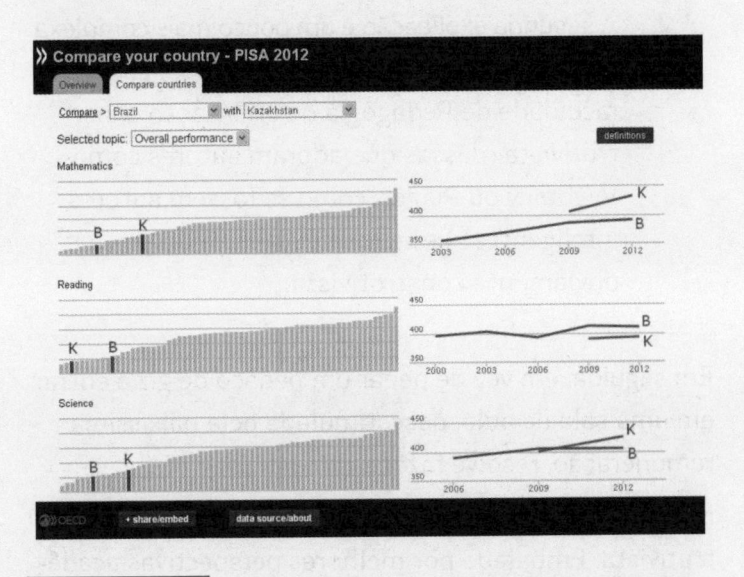

---

13   Quem cunhou o termo "construtivismo" foi a psicóloga argentina Emilia Ferreiro, aluna de Piaget. O sistema escolar argentino mergulhou de corpo e alma no construtivismo e isso explica o péssimo desempenho atual desse país.

14   http://www.oecd.org/pisa/keyfindings/pisa-2012-results.htm

Em matemática o K já estava melhor que o B, mas de 2009 para 2012 melhorou muito enquanto nós permanecemos quase estacionários.

Em leitura, K melhorou só um pouquinho, nós pioramos! Em Ciências nós pioramos e K melhorou muito.

Ou seja, um país como o Cazaquistão, cheio de problemas muito mais terríveis que os nossos, conseguiu uma melhora substancial.

A pergunta que surge é: Por que o Brasil não faz o mesmo? Eu sugiro duas explicações:

1. Nenhum partido político (insisto, nenhum) tem interesse em cultivar eleitores cultos e inteligentes.
2. A segunda explicação é um pouco mais complexa. Imagine uma moça que ingressou em uma faculdade de Pedagogia de orientação construtivista (dessas que adoram autores como Vygotsky ou Piaget, como se fossem autores inteligentes[15]) e se forma elaborando um TCC,[16] obviamente construtivista.

Em seguida, em vez de pegar um pedaço de giz e entrar em uma sala de aula, desestimulada pela baixíssima remuneração, resolve fazer um mestrado.

Mais uma vez sua dissertação será obviamente construtivista. Embalada por melhores perspectivas acadê-

---

15   E que transformaram a pedagogia em pedademagogia!

16   Trabalho de Conclusão de Curso.

micas (leia-se, melhor remuneração), ela parte para um doutorado. É claro que não só ela não pegou até agora em um pedaço de giz como nenhum dos autores que ela consultou em seus estudos também jamais entrou em uma sala de aula.

Não preciso dizer que a tese que ela defende no fim do processo (perante uma banca que nunca pegou em um giz e leu os mesmos livros escritos por indivíduos que também nunca pegaram em um giz) é fanaticamente construtivista.

Então ela parte para um pós-doutorado, que também segue a linha construtivista, consegue um fantástico cabide de emprego no Ministério da Educação e, a partir de seu gabinete (a anos-luz de distância de uma sala de aula), passa a ter "ataques de pedagorreia",[17] ditando normas absurdas que afundam cada vez mais o Sistema Educacional Brasileiro.

É evidente que não existe a mais remota possibilidade de essa moça admitir que o construtivismo foi uma tentativa absolutamente equivocada de querer melhorar as coisas e que, na realidade, acabou destruindo o pouco que havia de bom em nosso sistema escolar.

Se esse "ser" cheio de títulos admitisse isso, certamente estaria cometendo um suicídio intelectual!

Mas como romper essa "ditadura pedagógica" que assola o país?

---

17 Lembra? Aquilo que o brilhante Ministro da Educação de Portugal, Prof. Nuno Crato, chama de "Eduquês".

Qual é a solução?

A solução é simples: buscar a cumplicidade das famílias (compostas por eleitores) para que essa mudança de regras se realize.

É para isso que escrevi este livro.

Afinal, o ideal não seria que pudéssemos ter uma escola que ensinasse de verdade e que, além disso, concedesse o diploma?

PARTE 2

O DIAGNÓSTICO

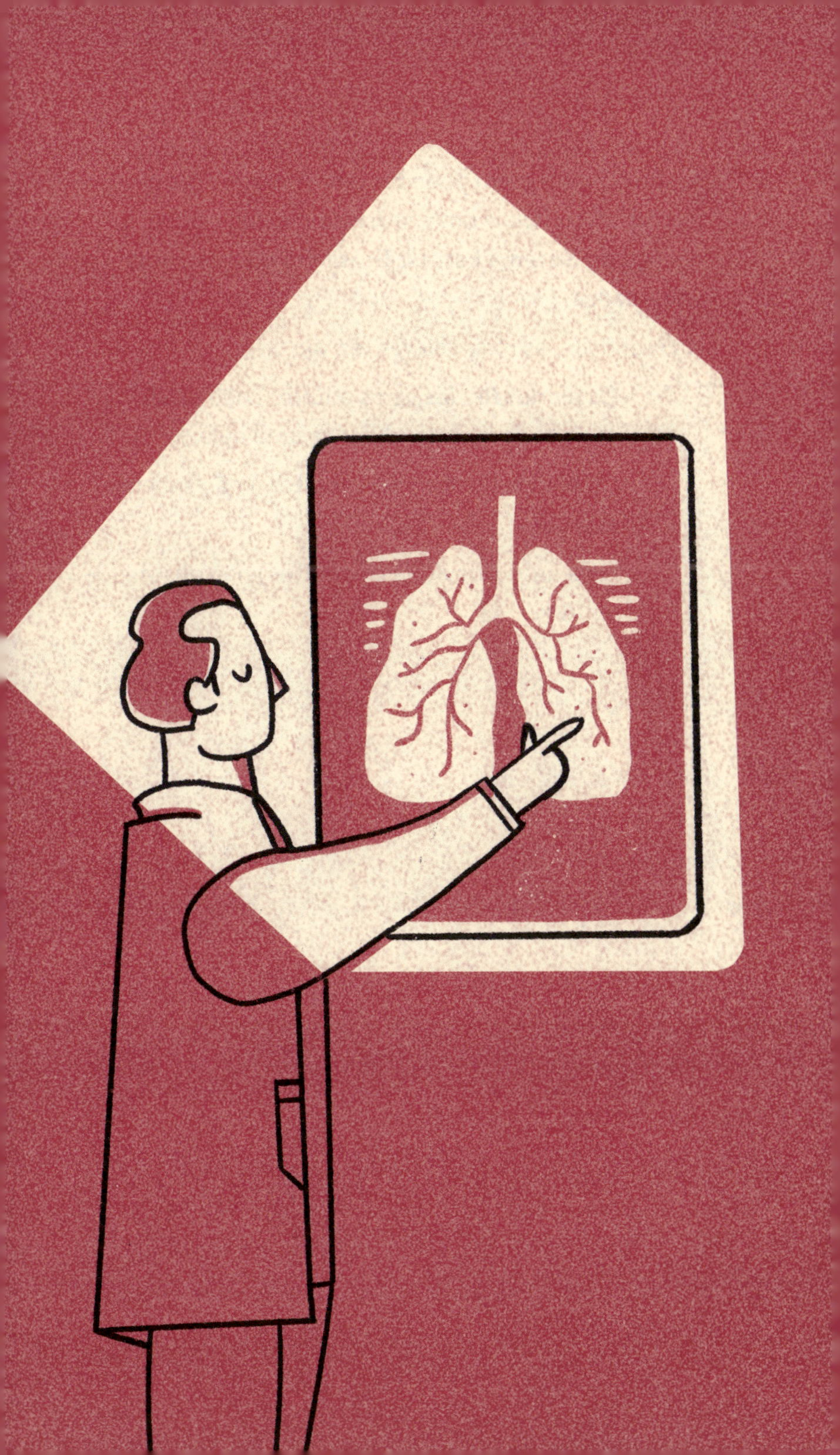

Assim como alguém pode ter uma micose, uma infecção bacteriana e uma virose ao mesmo tempo, a doença do Sistema Escolar Brasileiro não tem uma única causa.

Na realidade, as mais relevantes são três:

1. Os alunos (inclusive os adultos) não sabem mais se comportar durante uma aula.
2. Os alunos (inclusive os adultos[1]) não sabem estudar.
3. Os alunos (inclusive os adultos) não gostam de ler livros.

---

[1] Por isso escrevi um quarto volume nesta coleção intitulado *Inteligência em concursos*.

SOMOS TODOS MAL-EDUCADOS

*This is how it is today:
the teachers are afraid
of the principals.
The principals are afraid
of the superintendents.
The superintendents are afraid
of the board of education.
The board is afraid of the parents.
The parents are afraid of
the children. The children
are afraid of nothing!*[2]

Milton Berle
(1908-2002)

A seguir, vamos à primeira causa:

---

2   Como é hoje: os professores têm medo dos coordenadores, os coordenadores têm medo dos diretores, os diretores têm medo das autoridades de ensino, as autoridades têm medo dos pais, os pais têm medo das crianças. E AS CRIANÇAS NÃO TÊM MEDO DE NADA!

1. OS ALUNOS (INCLUSIVE OS ADULTOS) NÃO SABEM MAIS SE COMPORTAR DURANTE UMA AULA.

Tente nos imaginar em uma sala, talvez num coquetel, batendo papo em uma rodinha, ouvindo alguém contando uma piada e rindo sonoramente.

Em outras rodinhas, no mesmo salão, ocorre o mesmo comportamento.

Em um canto, porém, vemos um indivíduo tentando chamar a atenção de todo mundo, falando e gesticulando e sendo absolutamente ignorado.

Todos estão sendo mal-educados com o coitado?

Claro que não! Ele não está presente em carne e osso. Ele está em uma tela de TV, falando enfaticamente, com ar de ex-seminarista arrependido, sobre as qualidades de alguma esponja de aço e recitando um script gerado por algum publicitário que se acha um gênio da criatividade.

Portanto, não estamos sendo mal-educados por dois motivos: em primeiro lugar, ele não está verdadeiramente presente e, em segundo, a mensagem que está tentando nos passar é irrelevante!

Mas isso gera um problema seriíssimo: como o zum-zum-zum de fundo é, infelizmente, onipresente,[3] aprendemos a ignorá-lo de um jeito instintivo, mesmo que ele esteja sendo produzido por uma pessoa presente

---

[3] Quando uma das mais populares redes de TV do Brasil não transmitia overnight, o chuvisco da madrugada tinha 10 pontos no Ibope!

de verdade no ambiente e que tenta nos comunicar algo relevante.

Ou seja, de repente o zum-zum-zum... **É UM PROFESSOR**!

Ou seja, aprendemos a ser mal-educados sempre!

Aquele televisor, caríssimo, que reinava solitário e absoluto no meio da sala de estar, gerando a inveja dos vizinhos que chegavam como visitas inesperadas, por "coincidência", no horário de um *O céu é o limite*, agora está sendo substituído por equipamentos infernais e interativos que têm o dom da ubiquidade, infectando todos os ambientes, inclusive celulares e notebooks![4]

Essa presença constante, 24 horas por dia, nos ensinou a ignorar o meio ambiente como se fosse um simples ruído de fundo, para nos concentrarmos em nosso mais próximo e direto interlocutor.

O paradoxal é que esse interlocutor não é, necessariamente, um ser humano presente!

Durante palestras que faço para pais, celulares tocam e adultos, não crianças ou jovens irresponsáveis, adultos bem crescidinhos, acham absolutamente normal atender o aparelho e conversar no mais alto e bom som.[5]

---

4 Para piorar a situação, a TV digital, com sua mobilidade, agora está invadindo os poucos nichos de sossego que ainda existem. E há pessoas tão irresponsáveis que chegam a colocar uma TV em seus automóveis!

5 Com a evolução da tecnologia, agora as pessoas se permitem, durante uma aula ou uma palestra, ligar a câmera do celular e começar a filmar SEM PEDIR LICENÇA! Hoje as pessoas são tão ignorantes que sequer se dão conta de que estão violando a privacidade (ou até o direito de imagem) de quem está falando.

Ou, enquanto o professor explica, os alunos se permitem ignorá-lo e começam a conversar com o colega ao lado.

Nos seriados *teen* da TV, inclusive, esse comportamento aberrante é mostrado como se fosse algo natural e até desejável, para que o diálogo previsto no enredo possa se desenrolar.

Em Piracicaba (SP) – que adoro como se fosse uma cidade natal adotiva –, no meio de uma peça teatral, nem um pouco tediosa, diga-se de passagem, os atores tiveram de interromper a atuação para pedir silêncio à plateia.

Agora pergunto: como pode um coitado de um professor dar uma aula eficiente no meio de um bando de mal-educados que trazem essa má educação DE CASA?

Por que essa tragédia generalizada? Um pouco da culpa é nossa, profissionais da escola, que começamos a nos autointitular "educadores".

Grande equívoco!

Nós somos "instrutores".

Na Itália, onde cursei o primário, não existe, por exemplo, Ministério da Educação.

O que existe é um Ministério da **INSTRUÇÃO**!

Educadores são o pai e a mãe (ou quem faz esse papel na família).

Ao nos denominarmos "educadores",[6] permitimos que pais e mães pensem que podem terceirizar a progenitura!

Isso significa que o responsável direto pela desordem na qual mergulhou a escola brasileira é você, pai e/ou mãe responsável pela educação da criança.[7]

Portanto, pare de querer ser "amiguinho" de seu filho: seja pai e seja mãe, estabeleça uma relação de autoridade (que é muito diferente de autoritarismo); saiba colocar limites com firmeza. Estabeleça um diálogo franco e aberto, mas não caia no erro de transformá-lo em "confidências entre amiguinhos".

Seja disciplinado e educado para poder dar o exemplo. O exemplo é fundamental.

Como é que você quer que seu filho não se torne um ciberviciado se você mesmo não desgruda de um Facebook ou outra rede social similar?

Como é que você quer que seu filho se torne um leitor aficionado, para adquirir um vocabulário mais amplo e desenvolver uma melhor capacidade de interpretação de texto, se ele nunca vê o pai ou a mãe lendo um livro?

Como é que você pode ter um filho disciplinado e respeitador se prefere fazê-lo tomar um remédio tarja preta,

---

6   Aconselho a leitura do livro *Professor não é educador*, de Armindo Moreira (Edição própria, Cascavel-PR, 2012).

7   Ao ser solicitado pela escola para que chamasse a atenção de seu insuportável filho, ouvi um pai irritado exclamar: "Parem de me convocar por qualquer bobagem, sou um executivo muito ocupado. Eu pago a escola para que vocês eduquem meu filho!".

como a Ritalina, a ter o trabalho de impor limites? Onde está sua autoridade?

Os sintomas atribuídos ao TDAH são gerados, na realidade, por uma educação equivocada, na qual a criança não tem limites, não tem horários e tudo lhe é permitido, inclusive passar horas diante do computador conversando virtualmente com várias pessoas ao mesmo tempo.

O TDAH é, simplesmente, falta de autoridade dos pais (insisto, AUTORIDADE, não AUTORITARISMO).

A não ser em Israel, jamais vi, em nenhum dos inúmeros países que visitei, um oficial das Forças Armadas sentado à mesa com um soldado, tomando cerveja.[8]

Se não houver uma clara relação hierárquica, jamais haverá, quando necessário, obediência. Deixe claro que você é aberto ao diálogo, é democrático, é compreensivo, mas...

Quem manda é você!

E, acima de tudo, **DESLIGUE ESSA MALDITA TV E ESSE MALDITO CELULAR E ABRA UM LIVRO!**[9]

---

8   Em Israel, o serviço militar continua, por algumas semanas por ano, até os 40 anos de idade. É comum ver um soldado raso de cabelos grisalhos conversando com um jovem tenente que pode, até, ser filho dele.

9   Eu escrevi LIVRO. Em inglês é BOOK e não FACEBOOK!

AS AZALEIAS NÃO FLORESCEM

Eu nunca deixei minha escolaridade interferir na minha educação.

Mark Twain
(1835-1910)

Vamos discutir, agora, a segunda causa:

2. OS ALUNOS (INCLUSIVE OS ADULTOS) NÃO SABEM ESTUDAR

Para que os pais (que são cidadãos e ELEITORES) possam entender melhor a gravidade da situação, vou me permitir contar uma parábola.

Imaginem um zelador que tivesse o mesmo tipo de mentalidade que ronda as secretarias (ou o ministério) da educação deste país.

Esse zelador é encarregado de tomar conta de uma câmara fria, onde estão sendo cultivadas azaleias. Como todos sabem, as azaleias[10] são flores de inverno e só florescem se forem mantidas, por certo período, em baixas temperaturas. (Não sei o valor exato, mas digamos que seja entre 10 e 16°C.)

Para fiscalizar o zelador, é instalado, no interior da câmara fria, um termômetro registrador, desses que vão traçando sobre um papel quadriculado o grau da temperatura ao longo do tempo. De repente, o zelador percebe que a temperatura começa a subir demais, correndo o risco de passar do limite permitido.

Se ele pensa como uma "autoridade de ensino", sai correndo e vai até a geladeira buscar uma pedrinha de gelo para encostá-la no sensor do termômetro, não permitindo que a linha que está sendo traçada no papel passe dos 16°C.

Por outro lado, se o risco, em outra ocasião, tiver tendência a baixar demais, não há nada como um bom fósforo aceso embaixo do sensor!

Passado o período de "esfriamento" das azaleias, o papel mostra uma linha impecável com muitas oscilações, mas que se mantêm sempre acima dos 10°C e sempre abaixo dos 16°C.

---

10   *Rhododendron simsii.*

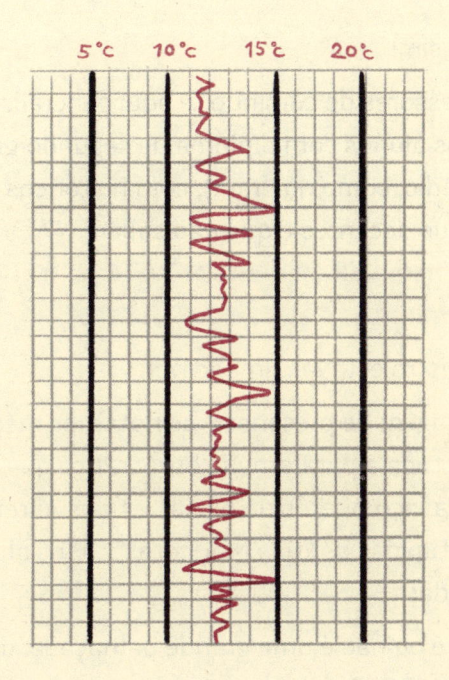

Tudo perfeito, exceto por um pequeno detalhe: **AS AZALEIAS NÃO FLORESCERAM!**

Pois bem, esse é o retrato das escolas privadas e públicas do Brasil, sejam elas elementares ou universitárias.

Em nossas escolas...

O TERMÔMETRO TORNOU-SE MAIS IMPORTANTE QUE A TEMPERATURA!

"Será que ninguém jamais percebeu isso?", você deve estar se perguntando.

Claro que sim!

Nós, professores de cursinho (e aqui generalizo), que recebemos alunos com diploma de segundo grau (ou ensino médio, como queiram), com históricos escolares mais do que decentes e que não sabem **NADA: nem PENSAR, nem LER, nem ESCREVER, nem a TABUADA eles sabem!**

Mas o registro está lá... impecável!

A porcentagem de presenças, as notas, as médias, em suma, toda a parafernália burocrática que satisfaz agentes da incompetência oficial, as tais "diretorias" de ensino entupidas de "tias Maricotas"... E os alunos não sabem nada!

Tudo isso é ou não é uma grande palhaçada, uma gigantesca FARSA?

Agora, vou direto ao ponto.

O grande problema do ensino, que justifica esta palavra tão forte, FARSA, é que...

...todo mundo estuda para tirar nota e ninguém estuda para aprender!

Os pais, os professores e os colegas esperam que o aluno vá bem nas provas, tire boas notas e passe de ano.

Pois bem, como seu filho não é bobo, o que ele faz? Vai bem nas provas, tira boas notas e passa de ano.

Note que estou supondo que seu filho seja uma pessoa honesta e não cole![11]

O que o pai faz? Fica muito contente porque o filhinho ou a filhinha tiraram boas notas, foram bem nas provas e passaram de ano.

E a escola? Ora, ao ver o aluno tirar boas notas, ir bem nas provas e passar de ano, fica toda orgulhosa, olha para o histórico escolar repleto de 9,5 e 10 e diz: "Puxa! Que bom aluno!".

Isso durante pelo menos sete anos (da 5ª série[12] ao 3º médio). E, depois de sete anos de boas notas, sucesso nas provas e aprovações anuais, eles chegam às minhas mãos, no curso pré-vestibular!

E eu, estarrecido, verifico que **NÃO APRENDERAM NADA**!

Não estou exagerando: seu filho enganou e foi enganado durante todo esse tempo, e a farsa só é evidenciada quando ele entra no cursinho para se preparar para um exame DE VERDADE.[13]

---

11   NUNCA permita que seu filho cole ou que a escola tolere algum tipo de cola. Se ele colar na fase de estudante, mais tarde corre o risco de virar presidente do Senado (lembram do ACM e do Arruda, que foram pegos colando no painel de votação?).

12   Que as tais autoridades de ensino resolveram batizar de 6º ano, não percebendo que desde a Idade Média, graças aos matemáticos árabes, a numeração deixou de começar pelo "1" e passou a se iniciar pelo "0".

13   Muitos alunos, dos últimos anos do ensino médio, do pré-vestibular ou até da faculdade, já me disseram, após ler o primeiro volume desta coleção: "Pena que eu não li esse livro antes!".

Seu filho **tirou boas notas, foi bem nas provas, passou de ano e NÃO APRENDEU NADA!**

Resumindo, quase ninguém, no Brasil, estuda para aprender: todo mundo estuda para tirar nota! Repito:

NINGUÉM ESTUDA PARA APRENDER, MAS SIM PARA TIRAR NOTA!

Dessa forma, ninguém (ou quase ninguém) aprende coisa alguma! Repito:

O TERMÔMETRO TORNOU-SE MAIS IMPORTANTE QUE A TEMPERATURA!

Aprender significa adquirir um conhecimento que a pessoa carregará para o resto da vida.

Se você aprendeu a patinar aos 8 anos de idade e, depois, tenta novamente aos 40, pode ser que acabe acontecendo algum zigue-zague, mas, em um curto tempo, sai deslizando elegantemente como se ele não tivesse passado.

Digamos, agora, apenas a título de exemplo, que aos 17 anos você tenha tirado um 8,7 (isso mesmo: OITO VÍRGULA SETE – essa é outra imbecilidade com a qual não me conformo) numa prova de Matemática, cujo assunto era logaritmos.

Aos 50 anos, chega sua filha e pede:

– Pai, me ajuda com essa esquisitice de logaritmos, que não estou entendendo nada.

– Não dá, filhinha – costuma ser a resposta. – Faz tanto tempo que aprendi isso na escola que já esqueci tudo!

Você vai me desculpar, mas, se você já esqueceu, então não aprendeu!

Você aprendeu a andar de patins, mas, com certeza, não aprendeu logaritmos!

– Espera aí! – você pode tentar argumentar. – Se tirei 8,7, quase 9, significa que na época eu sabia logaritmos!

Sabia, mas não aprendeu. Se tivesse aprendido, você saberia até hoje. Talvez precisasse dar uma escovada na poeira acumulada fazendo uma rápida revisão no caderno de sua filha, mas teria condições de ajudá-la.

Mas como justificar o seu "quase 9"? Caiu do céu?

Simples! A prova era numa quinta-feira e você começou a estudar, com amigos, na quarta! Quando alguém disse que o logaritmo de um produto é igual à soma dos logaritmos dos fatores, ninguém, absolutamente ninguém, teve a curiosidade de saber o porquê. O que interessava era ter a receita de "como é que faz", quando o problema é "tipo logaritmo do produto".

Como você não é um idiota (e muito menos o era quando tinha 17 anos), as informações ficaram no seu cérebro, feito um instável castelo de cartas, o tempo suficiente para poder obter o famoso 8,7 registrado em seu histórico escolar.

É claro que, alguns dias depois, logaritmos se tornaram uma vaga lembrança do passado. (Escrevi "dias", mas normalmente trata-se de horas!)

Note que, nessa hipotética reconstrução de seu 8,7, nem sequer mencionei a palavra "cola". E o pior de tudo: você e sua família ficaram com a sensação de "dever cumprido", pois o 8,7 tudo justificou, tudo desculpou. Aliás, passou a ser motivo de orgulho.

O professor registrou o 8,7 em seu diário de classe e a inspetora da diretoria de ensino passou um visto sacramentando, burocrática e burramente, a maior hipocrisia, a mais vergonhosa farsa que o sistema educacional pode perpetrar e todos viveram felizes para sempre.

Para sempre?

Eis que uma nuvem sombria surge no horizonte...

O VESTIBULAR![14]

Ou, melhor dizendo, o concurso vestibular.

O concurso vestibular, apesar de todos os seus defeitos, é uma das poucas coisas sérias deste país. Prova disso são as desesperadas tentativas que o pessoal de Brasília faz para eliminá-lo.[15]

---

14 Ou a entrevista de emprego, ou o concurso público.

15 Assim como um bando de incapazes bacharéis em Direito tenta eliminar o exame da OAB!

O vestibular é a hora da verdade! É o momento em que a grande farsa é desmascarada. É o momento da AUDITORIA EXTERNA![16]

– Mas como? Minha filha sempre foi tão boa aluna. Sempre tirou excelentes notas na escola. E já faz quatro anos que tenta entrar na USP e não consegue!

Pois é, minha senhora: sua filha sempre tirou boas notas. Infelizmente, tirar boas notas não significa que ela tenha aprendido coisa alguma. Eu sei que nesse momento alguns pais estão um pouco perplexos, e poderiam me questionar:

– Você afirma que tirar notas altas não é equivalente a ser um bom aluno. Então como faço para descobrir se meu filho está estudando?

Bem, em primeiro lugar, você não precisa checar se seu filho está estudando... o importante é saber se ele está aprendendo!

– E como faço, então...

CALMA!

Estou escrevendo um livro para chegar à resposta. Tenha um pouco de paciência. Antes da cura, precisamos ter uma ideia muito clara do diagnóstico.

De todo modo, acho que já foi dado o primeiro passo. Quando seu filho ou filha chegar à sua casa, vindo da escola, nunca mais pergunte: "Foi bem na prova? Quanto

---

16 O Enem, por mais incompetente que seja a sua elaboração, é outra AUDITORIA EXTERNA.

você tirou?". A pergunta correta, que deve ser feita com a maior frequência possível, é: "O que você viu de interessante hoje na escola?".

E tente aprender junto com ele! É gostoso se reciclar.

SOMOS TODOS ANALFABETOS

Educação... produziu uma vasta população capaz de ler, mas incapaz de distinguir o que merece ser lido.

George M. Trevelyan
(1876-1962)

E agora... a terceira causa:

3. OS ALUNOS (INCLUSIVE OS ADULTOS) NÃO GOSTAM DE LER LIVROS

Antes das tragédias de Chernobyl e Fukushima, ocorreu nos EUA o famoso quase acidente de Three Mile Island, uma usina nuclear na qual foram violadas normas de segurança.

Uma comissão, especialmente nomeada para checar o estado de treinamento de todo o pessoal que estava trabalhando em usinas nucleares, começou a percorrer o país aplicando questionários e simulando situações de emergência, ativando falsos alarmes.

Durante um desses falsos alarmes, num departamento no qual trabalhavam três funcionários, todos portadores de diploma de conclusão de *high school*,[17] acendeu-se um painel com instruções de emergência padrão.

> **VISTA O MACACÃO AMARELO E SAIA IMEDIATAMENTE PELA PORTA 3**

Nenhum dos três seguiu as instruções e ficaram feito baratas tontas andando para lá e para cá até que decidiram sair, obviamente pela porta errada. Se a emergência tivesse sido real, os três teriam morrido.

Ao serem interrogados pela comissão, argumentaram que ninguém havia dito nada sobre como se comportar naquele tipo de emergência.

– Mas – argumentou um dos investigadores – o painel lá em cima não acendeu dessa forma? – ligando-o com um interruptor.

---

17   Equivalente ao nosso colegial, o qual as "autoridades de ensino" insistem em chamar de "médio", talvez por ser indicativo de "mediocridade".

– Sim – responderam os "cadáveres".

– E o que está escrito nele?

– Vista... o maca... cão amarelo e saia ime... imedia... tamente pela porta... três – leu de forma infantil um deles.

– Pois bem – insistiu o investigador –, então, o que vocês deveriam ter feito?

– Não sei, ninguém nos disse o que era para fazer! – responderam em coro.

– Pelo amor de Deus! – insistiu o já exasperado investigador. – O que está escrito no painel?

– Vista o macacão amarelo e saia ime... diatamente pela porta três – leu de forma ainda claudicante um deles.

– Então?

– Então o quê? – retrucaram perplexos os três portadores de diplomas de *high school*.

Nesse momento, a comissão de investigação percebeu que havia pessoas supostamente alfabetizadas (e muito mais que isso, já que chegaram a concluir o colegial) capazes de transformar letras em sons, mas que não as transformavam em ideias!

Começou a surgir o conceito de "analfabeto funcional" que, no Brasil, virou "alfabetizado, porém iletrado". É uma forma de analfabetismo extremamente insidiosa, já que não consta das estatísticas oficiais.[18]

---

18 Ou é criminosamente omitida para que as tais "autoridades de ensino" possam se pavonear com estatísticas irreais.

Segundo nossas autoridades de ensino, o Brasil tem uns 10% de analfabetos.

Ah! Doce ilusão!

Interroguem qualquer editor sério deste país. Quando falo sério, refiro-me aos editores que não são parentes ou amiguinhos generosos das autoridades de ensino que atribuem "estrelinhas" aos livros didáticos, fazendo e desfazendo fortunas!

Um editor sério dirá que o Brasil tem, aproximadamente, 8% de sua população verdadeiramente alfabetizada.

Desses, 2% do sexo masculino e 6% do sexo feminino. Às vezes, leem coisas fúteis ou até enganosas (como 50 tons de alguma cor). Mas, pelo menos, leem!

Na virada do milênio, no Brasil, batemos mais um triste recorde: na cidade de São Paulo passaram a existir mais automóveis do que em toda a Argentina!

Os argentinos (nessa época situados acima do Brasil no exame do PISA) contra-atacavam: apenas na cidade de Buenos Aires existiam mais livrarias que no Brasil inteiro!

Utilizando o já citado aplicativo do PISA 2012 é interessante ver que essa vantagem dos argentinos em relação ao Brasil começou a desaparecer graças, entre outras causas, ao construtivismo da sra. Emilia Ferreiro:

READING

+

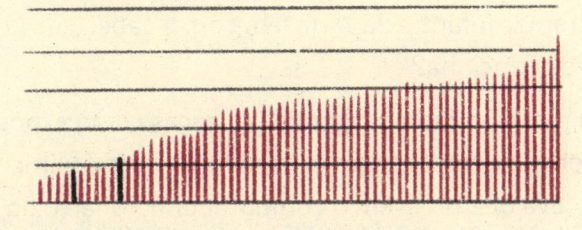

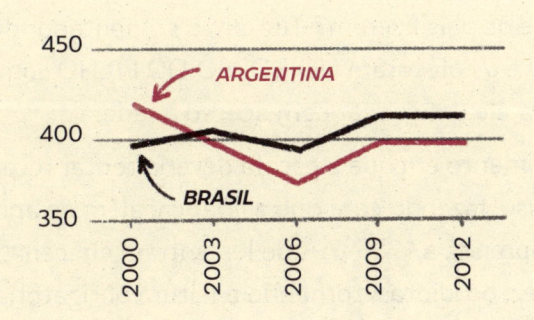

450
ARGENTINA
400
BRASIL
350
2000　2003　2006　2009　2012

Compare o número de horas que um brasileiro médio passa olhando para uma tela e olhando para um livro.

Somos um país de "vidiotas"! E, por favor, não se identifique com esse quadro catastrófico.

Se você chegou até este ponto do livro, com certeza se encontra nos 8%.

Bem-vindo ao clube!

Seu filho, porém, está numa situação trágica. Ao entrar numa sala de aula com 5 aninhos, para iniciar o processo de alfabetização, o coitado já trazia, em seu currículo, ao menos 4 mil horas de alguma apresentadora saltitante na TV!

O senhor e a senhora têm ideia do que 4 mil horas de programas infantis da TV fazem com a cabeça de uma pobre criancinha?[19]

Para piorar as coisas, agora as crianças estão expostas ao computador o tempo todo. Antigamente eu recomendava que tirassem o computador do quarto do filho e o colocassem na sala para ter um controle sobre o tempo de uso.

E o que os pais fizeram? Tiraram o computador do quarto e o colocaram NO BOLSO DO FILHO comprando para ele um celular com acesso à rede!

No momento em que a escola deveria tentar reverter o processo, fazendo com que a criança, além de aprender a ler, aprenda a **GOSTAR** de ler, entram em cena, mais uma vez, os idiotas, tornando a leitura obrigatória e valendo nota!

Professores e professoras que também não são leitores jamais conseguirão transmitir o entusiasmo pela leitura.

É como se contratássemos um daltônico para ensinar o uso de cores!

Em vez de incentivarem a escolha de leituras gostosas, impõem os "clássicos", como José de Alencar.

– Mas – já ouço protestos ao longe – o que você tem contra o José de Alencar?

---

19 Há fortes suspeitas de que uma criança exposta à TV antes dos 4 anos de idade desenvolva uma forma branda de deficiência mental.

Nada! Apenas ele não escreve em português! Se português é o idioma que falamos com nossos filhos, certamente difere muito daquele no qual ele escreve.

Por exemplo, veja este trecho de *A pata da gazela*:

> – O **lacaio** *ficou-se de uma vez!* – **disse o vestido roxo** *com um movimento de impaciência.*
>
> *– É verdade! – respondeu distraidamente a companheira.*
>
> *Estas palavras confirmavam o que, aliás, indicava o simples aspecto da* **carruagem**: *as senhoras estavam à espera do lacaio, mandado a algum ponto próximo. A impaciência da moça de vestido roxo era partilhada pelos* **fogosos** *cavalos, que dificilmente conseguia* **sofrear um cocheiro agaloado**.

Ora, qualquer criança sabe o que é um "lacaio"! E veja que elegante metonímia, ao se referir a uma das moças pelo seu vestido! Supimpa! Reparem agora na carruagem, esse veículo que faz parte do dia a dia de qualquer criancinha brasileira do século 21! Olhe então para os fogosos cavalos que puxam essa condução. Obviamente, não são cavalos incendiados. Nenhuma criança, em vias de criar prazer pela leitura, imaginaria tamanho absurdo! E qualquer idiota sabe o que é um cocheiro agaloado tentando sofrear esses cavalos!

Como podemos supor que uma criança, que está se iniciando no mundo da leitura, possa sentir entusiasmo lendo esse autor, ou qualquer outro da pedante e chata "boa literatura"?

– Bem – alguns argumentam –, para isso existe Monteiro Lobato.

Pelo amor de Deus! Como é que podemos admitir como autor infantil um escritor que tentou envenenar gerações de brasileiros com a semente do racismo? Pelo que podemos observar na sociedade brasileira de hoje, conseguiu!

Como, por ter nascido e passado minha infância na Itália, só tive oportunidade de lê-lo depois de adulto, ou seja, com espírito crítico já bem formado, fiquei estarrecido!

Ao ler sua "obra-prima" de ficção científica, *O presidente negro* (ou *O choque das raças*), tive náuseas. O mínimo que ele afirma, nesse livro, é a superioridade da "raça ariana" em relação às "raças inferiores" como, por exemplo, os negros (*sic*).[20]

Como a obra completa de Monteiro Lobato está sendo reeditada, incluindo *O presidente negro*, o Ministério Público deveria reler a obra com cuidado para ver se não se enquadra em APOLOGIA ao RACISMO!

– Mas ele é indicado em quase todas as escolas!

Pergunto, então, por quem?

Por pedagogas que jamais leram um livro por prazer, que ficam grudadas na frente das telenovelas e que,

---

20 No próprio Sítio do Pica-pau Amarelo ele cria uma personagem analfabeta, supersticiosa e ignorante: a Tia Anastácia ou (pasmem) "a negra beiçuda". Além disso, como professor de Física, fico revoltado com a arrogância com que ele dá explicações científicas completamente erradas. Além de racista, é ignorante!

talvez de forma até inconsciente, compactuam com o nojento racismo que exala da obra desse cidadão, indivíduo que, além de tudo, escreve mal, apossa-se de personagens alheios e deforma histórias maravilhosas, contaminando-as com sua mediocridade.

Se você estiver estranhando esse meu repúdio a uma figura brasileira tão "querida", leve em consideração que eu tive o privilégio de vê-lo "de fora", ou seja, minha infância não foi envenenada por esse "maravilhoso autor infantil".

– Mas – ouço alguns pais perplexos argumentarem – o que você afirma ser um semianalfabetismo de meu filho... é tão grave assim?

Pois é, prezados pais. Eu recebi seus filhos ao cabo desse processo que começou de forma tão tacanha e, pela minha experiência, posso afirmar que a situação é extremamente grave. Se assim não fosse, não estaria escrevendo este livro!

Uma parcela considerável dos alunos que recebi (mais da metade, com certeza), portadores, insisto, de diplomas fornecidos por escolas tradicionais e renomadas, sofre, basicamente, de quatro tipos de problemas:

PRIMEIRO

Frequentemente, não conseguem resolver uma questão, como, por exemplo, de química. Não por não saber química, mas, simplesmente, por não conseguir entender o enunciado.

Não conseguem, por exemplo, distinguir entre "reduzir de 20%" e "reduzir a 20%".[21]

SEGUNDO

Ao serem doutrinados para que façam a tarefa religiosamente, todo dia, se defrontam com um problema terrível: ao tentar estudar em casa, não conseguem entender boa parte dos textos que estão nos livros por uma deficiência crônica de vocabulário.

Boa parte dos meus alunos chega ao cursinho sem saber o que é "respectivamente", "inerente", "contingente", "peste", "insulso", "vice-versa", "claudicante", "procrastinar", só para citar alguns exemplos triviais.

Ao ler, por exemplo, em uma das alternativas de um teste de vestibular, a frase: "Tal procedimento é inócuo...", uma sala inteira, de 200 alunos, me perguntou o que era "inócuo".

Fiel aos meus princípios de que a principal função de um professor não é dar o peixe, mas sim ensinar a pescar, respondi:

– Em uma infecção viral, o antibiótico é inócuo.

– Já sei – disse alguém de mão levantada –, "inócuo" é sinônimo de "injetável"! – arriscou o pimpolho, talvez confundindo "inócuo" com "inoculável".

– Então – com certeza você está pensando –, você dá aula para verdadeiros idiotas!

---

21 Se um casaco custa R$ 200,00 e eu reduzo o preço de 20%, ele passa a custar R$ 160,00. Por outro lado, se seu preço é reduzido a 20%, ele passa a custar R$ 40,00!

Não! Dou aula para seus filhos! Acorde! Pare de tampar o sol com a peneira.

TERCEIRO

Por outro lado, sabemos que uma das coisas que mais pesam no vestibular é a prova de redação.[22] Pois é, tente ler as redações que eles perpetram! Sem começo, meio e fim; são obras-primas da arte de produzir textos desconexos, desarticulados e, em resumo, ridículos.[23] Mas é de se esperar: quem não lê muito jamais poderá escrever bem!

QUARTO

Este não é propriamente um problema, mas uma observação: fique na saída de um vestibular qualquer (insisto, vestibular de verdade, não "processo seletivo de verão" ou outra palhaçada qualquer) e ouça a queixa mais frequente. Você não ouvirá coisas do tipo "Foi muito difícil", mas sim exclamações do tipo "Não deu tempo!".

Quem não lê muito lê lentamente e tem uma dificuldade enorme em interpretar textos; daí a falta de tempo.

---

22 Ao perceber a inutilidade de aulas de redação para indivíduos que não leem, as tias Maricotas, em vez de incentivar a leitura, mudaram o nome para aulas de "produção de texto", como se isso refrescasse alguma coisa!

23 Como veremos mais adiante, uma das maneiras mais ineficientes de fazer alguém escrever bem é dar AULA DE REDAÇÃO! É como se quiséssemos melhorar a habilidade de guiar um carro dando aulas sobre o funcionamento detalhado, por exemplo, da injeção eletrônica do veículo.

PARTE 3

A CURA

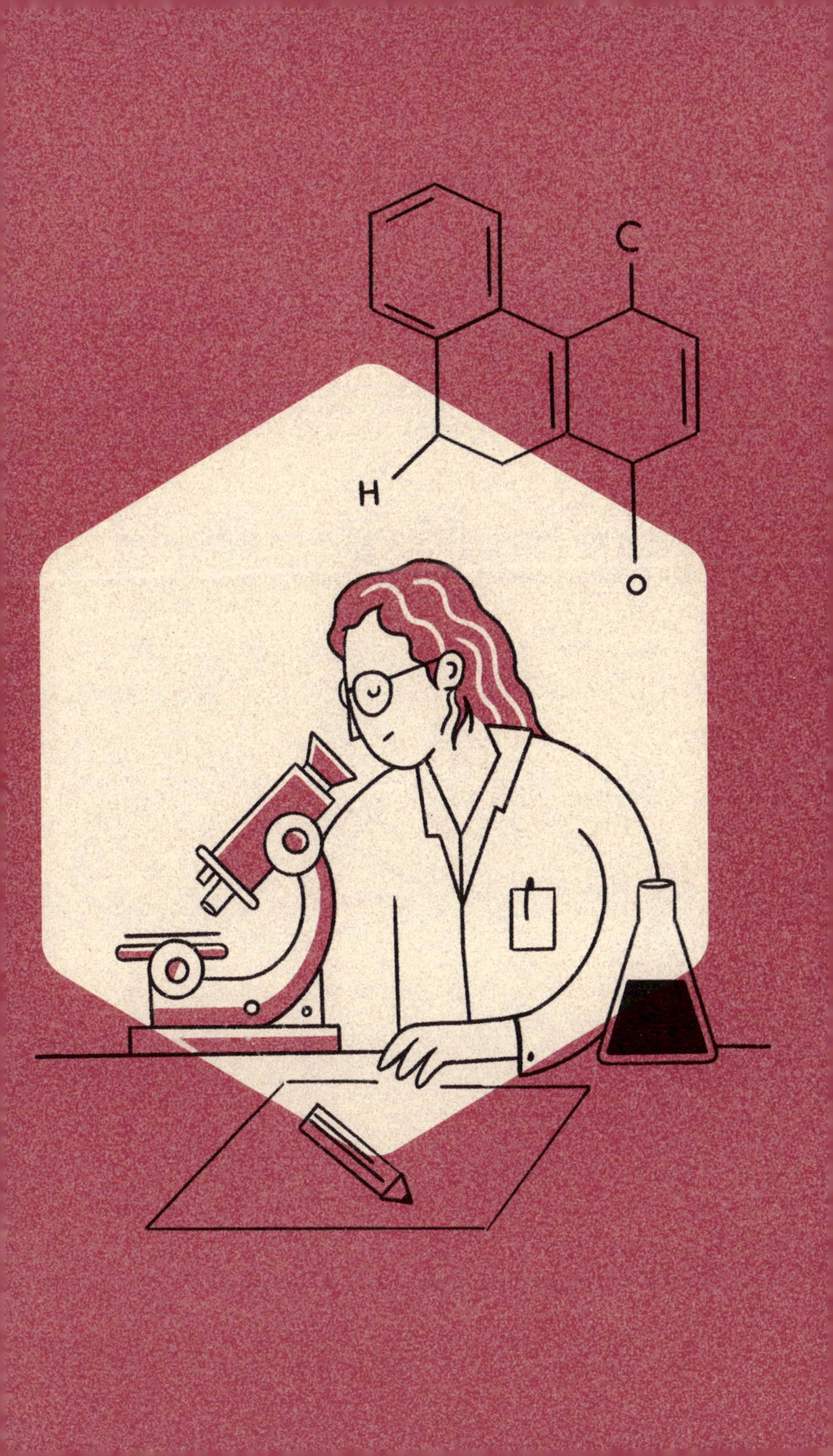
C
H
O

Agora as três causas estão identificadas:

1. Os alunos (inclusive os adultos) não sabem mais se comportar durante uma aula.
2. Os alunos (inclusive os adultos) não sabem estudar.
3. Os alunos (inclusive os adultos) não gostam de ler livros.

Vamos tentar ver qual é a terapia a ser seguida, que, diga-se de passagem, é muito mais simples do que se imagina.

ORDEM UNIDA

Discipline is the refining fire by which talent becomes ability.[1]

Roy L. Smith
(1888-1963)

1. OS ALUNOS (INCLUSIVE OS ADULTOS) NÃO SABEM MAIS SE COMPORTAR DURANTE UMA AULA

Como muitos leitores que me conhecem pessoalmente sabem, tenho andado por este imenso Brasil visitando centenas de escolas e fazendo palestras para pais, alunos e professores.

Gostaria de relatar aqui um dos milhares de episódios que estão registrados em minha memória.

Um deles aconteceu em São Paulo. Fui dar uma palestra para uma plateia de alunos numa escola da capital e nos demos muito bem. Algum tempo depois, a coordenadora me ligou:

---

1 Disciplina é a forja na qual talento se torna habilidade.

– Professor Pier, precisamos de sua ajuda. Como os alunos gostaram muito de sua palestra, talvez possa nos socorrer. A sala está um inferno! Eles não param de conversar e os professores não conseguem mais dar aula!

Minha vontade foi de responder: "Expulse um par deles e você vai ver como os outros ficam quietinhos"! Mas me contive. Se a escola chamar a família para dar um jeito nos pequenos delinquentes, irá ouvir frases do tipo:

– Meu filhinho? Impossível! Meu filhinho jamais faria isso. É perseguição do professor!

Ou então:

– Não sei mais o que fazer com ele. Ele não me escuta!

Resignado, fui até a escola e passei um sabão nos pimpolhos.

Depois da bronca eles subiram com o rabo entre as pernas para assistir a uma aula de Matemática, enquanto fui falar com a direção.

Quando soou o sinal, vi uma cena que jamais esquecerei.

O professor de Matemática, descendo as escadas, cercado por um bando de pimpolhos saltitantes que falavam coisas do tipo:

– Mas, professor, nunca achei que o senhor fosse tão bem-humorado!

– Professor, o senhor deu uma aula maravilhosa! Eu entendi tudo!

– Puxa! O senhor é divertido! Adorei essa aula!

E o professor, com um sorrisinho nos lábios, foi se aproximando de nós, aguardando a pergunta fatal. E ela veio:

– Professor, por que o senhor não é sempre assim?

Aí, com ar triunfante, ele explodiu:

– Eu não sou sempre assim porque vocês não deixam! Depois da bronca que levaram do professor Pier, ficaram quietos pela primeira vez desde que eu comecei a dar aula para vocês. Eu sou um excelente professor, explico direitinho, sou bem-humorado, sou agradável e muito competente no que faço. Só que, se passo a aula tentando manter um mínimo de ordem e disciplina, não consigo ser nada disso!

Pois é, há uma coisa que muitos pais não percebem: quem educa os filhos é a família e não a escola. Se a família estabelecer uma cumplicidade com a escola, em vez de hostilizá-la, a aula simplesmente acontece. As escolas brasileiras estão cheias de excelentes professores que não conseguem dar aulas decentes porque se defrontam com um bando de crianças mal-educadas que recebem o apoio da família quando essa má educação é questionada.

Quando a escola proíbe, por exemplo, a utilização de celular em suas dependências, mães enfurecidas exigem o direito de se comunicar com seus filhinhos a qualquer momento, **INCLUSIVE DURANTE A AULA**!

Para piorar a situação, as escolas particulares vivem em pânico, com medo de perder alunos, e a questão financeira se sobrepõe à pedagógica, gerando uma tolerância que leva ao caos. Antigamente, ao ocorrer um problema entre um professor e um aluno, a família era chamada para enquadrar o aluno. Hoje quem é enquadrado é o professor!

Logo depois dessa experiência, fui a Brasília fazer uma palestra no Colégio Militar.

Experimentei uma estranha sensação ao ver alunos e alunas uniformizados, marchando em ordem unida, com uma disciplina impecável. Até pensei que estaria havendo exagero, fazendo o fiel da balança pender para o outro lado.

Aí, por coincidência, fui assistir a uma aula de Matemática na 8ª série.[2] O professor, um coronel reformado, mas com direito a envergar ainda, com orgulho, seu uniforme, começou explicando a matéria de uma forma invejavelmente didática. De repente, no meio do silêncio, uma mão se levanta:

– Professor, eu não entendi.

Note "professor" e não "coronel".

Com muita paciência, ele explicou novamente e de outra forma.

A aula continuou num ambiente de concentração quando o professor, olhando primeiro para os alunos e, depois, para o relógio em seu pulso, disse:

---

2   Hoje 9º ano, já que os gênios de Brasília resolveram mudar os números.

– Vocês me parecem meio tristinhos hoje. Vamos animar um pouco. Um minuto de bagunça!

Levei um susto! Começou um verdadeiro pandemônio. Conversas, risadas, bolinhas de papel voando. E o coronel, ali, calmo, olhando para o relógio. De repente:

– Chega!

Nunca vi a ordem se restabelecer tão instantaneamente.

Quando tocou o sinal, ele saiu da sala acompanhado por alunos que me lembraram os saltitantes do episódio anterior. Alunos e professor batendo papo de forma afetuosa, com carinho.

Note, aqui, que há uma diferença gigantesca entre disciplina[3] e repressão.

Os alunos do Colégio Militar eram (e suponho que ainda sejam[4]) disciplinados, mas nem um pouco reprimidos. A sensação se confirmou quando visitei o Colégio Militar de Campo Grande: alunos felizes, simpáticos, inteligentes, descontraídos e...

DISCIPLINADOS!

Não estou propondo, agora, que a escola de seu filho o obrigue a marchar em ordem unida toda manhã, mas

---

3   A palavra "disciplina" não tem origem militar. Disciplina vem de "discípulo"!

4   Um pouco antes da publicação desta 2ª edição fiz palestras nos Colégios Militares de Santa Maria (RS), Curitiba (PR) e Salvador (BA), na Escola Preparatória de Cadetes de Barbacena (MG) e na Escola Preparatória de Cadetes do Exército em Campinas (SP) e a boa impressão foi reforçada.

quero que você tome consciência de que se não houver uma cumplicidade entre escola e família, para que o comportamento na sala de aula volte a ser o que era, a aula não acontece.

Se o professor tiver de passar a aula inteira falando...

"... vocês duas, parem de conversar";

"... você aí, pare de jogar bolinhas de papel nos colegas";

"... José, tire os pés da carteira da frente";

"... Senhorita Antonieta, desde quando é permitido receber recados no celular bem no meio da aula?";

"... Alfredo, quer fazer o favor de prestar atenção e se desconectar desses fones de ouvido? Você sabia que isso vai torná-lo um idiota?"[5]

Eu pergunto: "Em que momento vai ter tempo para dar aula?".

Hoje, no Brasil, já vi professores sendo elogiados porque conseguem "segurar a classe". Isso é um absurdo!

A classe deve se comportar de forma disciplinada pelo simples fato de que um professor, qualquer professor, tenha olhar magnético ou não, merece respeito de forma automática!

---

5 "Como? Chamando meu filho de IDIOTA? Vou me queixar!" – essa é a reação típica de uma mãe que é a verdadeira idiota da história. Eu sempre falo aos alunos, em minhas palestras: "Se eu chamo vocês de idiotas, isso não é um insulto... é um DIAGNÓSTICO!".

A posição da família é fundamental! É claro que a escola também tem uma grande parcela de responsabilidade.

Quando, ao término de uma palestra para um auditório de uns 300 ou 400 alunos, sou olhado com admiração pelos responsáveis de uma escola que cochicham entre si "Você viu que fantástico? Toda essa multidão e ele os manteve pendurados em seus lábios. Não se ouviu um pio!", fico pensando:

"Mas, meu Deus, isso não é o normal?".

Não é normal que um professor visitante seja tratado com o devido respeito?

Pois é, não é! Infelizmente.

O paradoxo se torna ainda mais intenso quando fui elogiado por um prefeito por ter conseguido manter em silêncio uma plateia de 680...

... PROFESSORAS!

Qual é a cura? Apoiar a escola em todas as suas atitudes disciplinadoras (não repressoras, insisto), considerando uma falta disciplinar **NA ESCOLA** algo que deve ser punido **EM CASA**.

Mesmo que essas atitudes possam lhe parecer estranhas.

Visitando uma pequena escola em uma cidade do interior de São Paulo (Cerquilho), fiz uma palestra que reuniu todos os seus alunos, desde a 5ª série até o 3º ano do ensino médio.

Uma turma tão heterogênea já é um convite para o caos.

A palestra foi em um pátio aberto com uma acústica terrível, o que se tornou outro convite ao caos. E a palestra havia sido improvisada de última hora, pois não houve tempo para que pudéssemos planejá-la. Mais um convite.

E, apesar de tudo isso, foi maravilhosa! O comportamento de **TODOS** os alunos me deixou encantado. Foi até comovente ver um grandão cochichar para um dos pequenos a explicação de um trecho que ele não havia entendido.

Ao terminar, fui conversar com o professor de Geografia e perguntei:

– Eles são sempre assim, maravilhosos?

– São, professor Pier – ele respondeu –, e digo mais, quando dei a primeira aula nessa escola levei um susto: ao entrar na sala eles FICARAM EM PÉ EM SINAL DE RESPEITO!

Ao ouvir isso, entendi o porquê de eles serem tão maravilhosos.

Vocês, pai e mãe, peçam à escola de seus filhos que ressuscite esse sinal de respeito.

Um sinal de respeito já é um primeiro passo para restabelecer o respeito.

Seja aliado[6] da escola, ou, se não ajudar, pelo menos não atrapalhe!

---

6   Aliás, aliado não... CÚMPLICE!

Em São Paulo, capital, visitei uma outra escola de classe média alta com alunos oriundos de famílias até bastante "intelectualizadas". A diretora me contou um episódio que me deixou horrorizado.

Um professor chamou a atenção de uma aluna que não parava de fofocar com a vizinha.

– Fulana, dá para parar de conversar?

– Não dá porque ainda não terminei o assunto. Quando terminar, eu paro.

– Pois você vai parar imediatamente ou, então, vai conversar é com a diretora! – retrucou o professor, justamente indignado.

A pimpolha levantou-se, dirigiu-se até ele, colocou o dedo no nariz do professor e desandou a discursar:

– Você está tolhendo minha liberdade de expressão. O Estatuto da Criança e do Adolescente não só me garante como proíbe que você faça o que acabou de fazer, me humilhar na frente da classe.

Sabiamente, o professor manteve a calma e levou a pequena Pasionaria para a direção.[7]

A diretora, ao tomar conhecimento do ocorrido, calmamente explicou:

– Querida, você cometeu dois erros: um de pequena gravidade e outro gravíssimo. O de pequena gravidade

---

[7] Sinceramente, não sei se eu teria conseguido manter a calma. De qualquer maneira, como tenho mais de 70 anos e o Estatuto do Idoso prevalece sobre o da Criança e do Adolescente, no meu caso, perder a calma não teria me trazido grandes consequências! E viva os Estatutos!

foi conversar durante a aula; o gravíssimo foi ter colocado o dedo no nariz do professor.

A pimpolha aproximou-se, colocou o dedo no nariz da diretora e, levantando a voz, deixou muito claro que:

– Eu coloco o dedo no nariz de quem eu bem entender! Eu aprendi a não me curvar perante formas ditatoriais de autoritarismo. Eu tenho meus direitos e aprendi a defendê-los...

... e desandou a discursar inflamadamente.

A diretora chamou o motorista da escola e pediu-lhe que levasse a pequena idiota para casa, suspensa por três dias e com um bilhete para a mãe.

Pouco tempo depois, recebeu um telefonema da mãe. Imediatamente, começou a explicar a situação, mas foi interrompida:

– Antes que a senhora continue, gostaria que ouvisse esse barulho:

CHHUARRRRRR GLUB glub glub.

– O que é isso? – perguntou a diretora assustada pelo barulhão estranho.

– É a descarga do vaso sanitário onde joguei seu estúpido bilhete. Eu ensinei minha filha a não se dobrar perante essas atitudes ditatoriais, perante esse autoritarismo que atenta contra...

Delicadamente, a diretora desligou o telefone e começou a providenciar os papéis da transferência da menina.

Como ela me disse ao terminar o relato:

– A filha, eu ainda poderia tentar consertar. Mas a mãe não dá. E, com uma mãe assim, infelizmente devo considerar a menina um caso perdido![8]

Esse é um exemplo de mãe que intencionalmente está deseducando o filho.

Muitos são mal-educados! Crianças cujos pais, em nome de um suposto sentimento de liberdade, não colocaram limites. É claro que, ao se defrontarem com sérios problemas comportamentais, fruto de sua bem-intencionada irresponsabilidade, preferiram drogar os filhos para não ter de abrir mão de sua postura libertária.

Outros pais, por não perceberem o quão deletéria pode ser a tecnologia, não viram nenhum problema em deixar o filho ou a filha acessar redes sociais conversando com dez pessoas ao mesmo tempo sobre dez assuntos diferentes!

E, depois, estranham que essa criança ou esse jovem não tenha capacidade de se concentrar em um único foco de atenção e seja disperso!

Muitos podem ser diagnosticados com TDAH, mas não se preocupam com a parte COMPORTAMENTAL.

Vou citar, entre muitos casos análogos, um que se assemelha bastante a esse.

O talvez mais famoso médico psiquiatra de todos os tempos, o dr. Sigmund Freud, publicou um trabalho intitulado *Über Coca*, no qual RECOMENDA o uso da

---

8   Inteligência não é hereditária; estupidez é!

cocaína para uma série de problemas, como dor, ansiedade, insônia etc.

Uma fábrica de balas lançou os drops de cocaína para quem sofria de dor de dente:

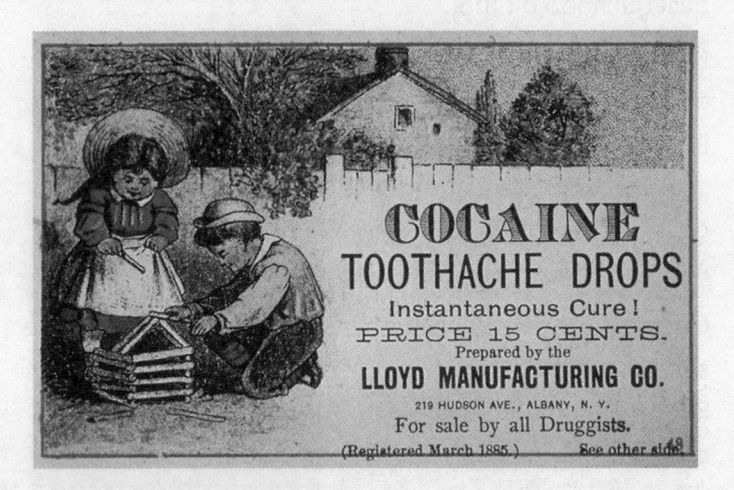

O vinho à base de cocaína (para ansiedade e insônia) chegou a ser premiado com uma medalha de ouro pelo Papa Leão XIII:

Uma fábrica de refrigerantes lançou a bebida gaseificada e o xarope com o nome de Coca-Cola, exaltando suas propriedades euforizantes, chamando o refrigerante de "bebida intelectual" e destacando a virtude de que se tratava de uma bebida para abstêmios (ainda bem!):

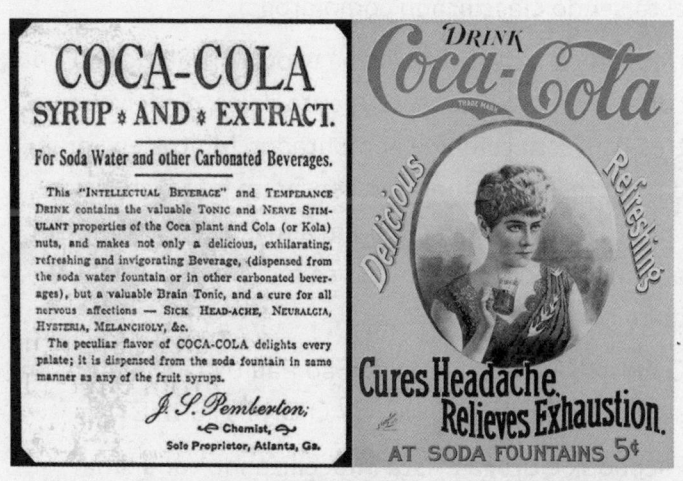

This "INTELLECTUAL BEVERAGE" and TEMPERANCE DRINK contains the valuable TONIC and NERVE STIMULANT properties of the Coca plant and Cola (or Kola)

Traduzindo: Esta "Bebida Intelectual" e "Não Alcoólica" contém as valiosas propriedades NEUROESTIMULANTES e TÔNICAS da planta da Coca...

Foi necessário que milhares de pessoas começassem a enlouquecer, criando dependência e passando a ter terríveis síndromes de abstinência, para que o uso da cocaína fosse banido e para que aquilo que era uma moda deliciosa se tornasse uma verdadeira maldição para suas vítimas.

Ou seja, uma perigosíssima droga sendo usada como se fosse um santo remédio!

Da mesma forma, o uso das redes sociais, tão incentivado pelos milhões gastos em publicidade de tecnologia nos meios de comunicação (que, por isso, se calam), está sendo classificado como droga!

Uma universidade americana usou seus alunos como cobaias e, com o consentimento deles, os deixou por três dias sem celular e computador. Muitos entraram em depressão; alguns apresentaram febre, crises de vômito e convulsões. Tiveram a mesma síndrome de abstinência que teriam tido se fossem dependentes químicos.

O Hospital das Clínicas de São Paulo já inaugurou um serviço de DESINTOXICAÇÃO DA INTERNET![9]

Facebook é droga e está imbecilizando toda uma geração de crianças, filhas de pais que deram início ao processo de imbecilização com o uso excessivo da televisão.

Pelo amor de Deus! Vamos reverter esse processo antes que seja tarde demais!

---

9   Quando contei essa história para 500 cadetes da ESPECEX de Campinas, notei uma reação estranha. Ao perceber minha perplexidade, o comandante me explicou: ao ingressar na escola eles passam quatro semanas sem celular, o que é chamado "período de desintoxicação" (e tem gente que passa mal!).

ESCREVENDO NA AREIA

The purpose of learning is growth, and our minds, unlike our bodies, can continue growing as we continue to live.[10]

Mortimer Adler
(1902-2001)

---

2. OS ALUNOS (INCLUSIVE OS ADULTOS) NÃO SABEM ESTUDAR

Agora, vamos tentar entender por que deixar seu filho estudar para a prova é uma das bobagens mais perniciosas[11] e mais disseminadas no Sistema Educacional Brasileiro.

---

10   O objetivo da aprendizagem é crescer, e nossa mente, ao contrário de nosso corpo, continua crescendo enquanto continuamos a viver.

11   Já ouvi mãe exclamar: "Filho! Desligue esse joguinho e vá estudar! Você tem prova amanhã!". Essa mãe acha que está ajudando o filho quando, na realidade, está induzindo-o à perpetuação de um erro que ela mesma cometeu quando aluna.

Para isso, precisamos compreender como funciona o cérebro humano. Afinal, se você quiser saber qual é o software mais indicado para seu micro, precisa ter uma ideia de quais são os recursos e as limitações do hardware.[12]

Para não complicar a vida do leitor que não está familiarizado com conceitos neurológicos, como "treinamento de redes neurais", "força de sinapse", "neurotransmissores" etc., vou me permitir criar uma analogia *mutatis mutandi*.

Imagine um cérebro humano como um lugar onde as informações e as habilidades são escritas e guardadas para o futuro. Ou seja, dentro dessa metáfora, "aprender" significa, de alguma forma, "escrever no cérebro".

Para entender melhor essa metáfora, vamos distinguir três regiões importantes.

---

[12] Durante muitos anos, como já citei, em companhia de meu amigo Tarcísio de Carvalho, fiz programas de rádio tirando dúvidas de informática. Uma das dúvidas mais frequentes dos ouvintes tinha, como causa, a instalação de programas em máquinas que não tinham condições de executá-los.

CÓRTEX

SISTEMA LÍMBICO

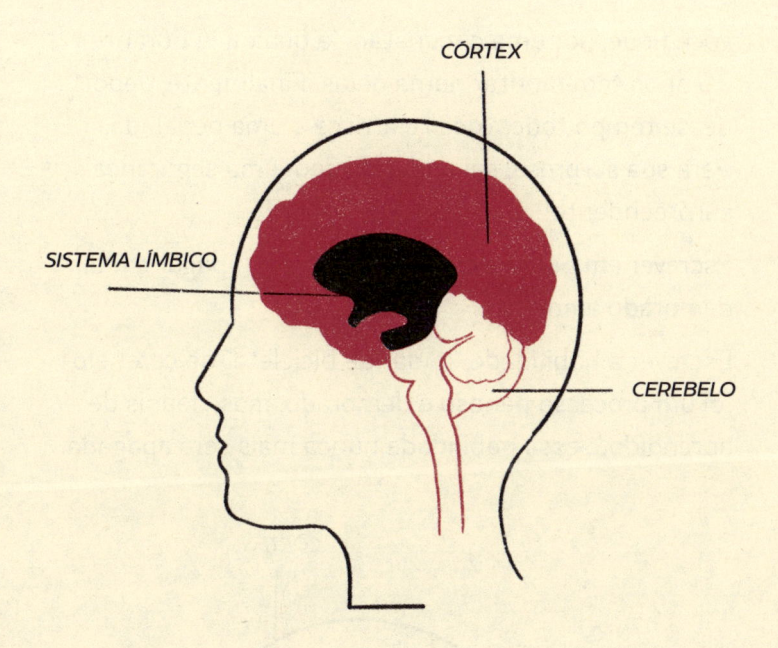

CEREBELO

No cerebelo, por exemplo, é como se estivéssemos escrevendo em uma pedra usando formão e martelo.

Escrever dessa forma é extremamente penoso. Cada letra demora um tempo enorme para ser registrada e, além disso, corremos o risco de levar uma martelada nos dedos!

Um bom exemplo para essa analogia seria o processo de aprendizagem para conseguir andar de bicicleta. É um aprendizado penoso, demorado e sujeito a muitas quedas.

Mas, uma vez aprendido, nunca mais será esquecido. Digamos que, depois de aprender a andar de bicicleta, você fique, por uma circunstância qualquer, durante 30 anos sem montar numa delas. Finalmente, depois desse tempo todo, você se arrisca a uma pedalada. Para sua surpresa, sai andando com uma segurança surpreendente!

Escrever em pedra é demorado; porém, apagar é mais demorado ainda!

Escrever a habilidade "andar de bicicleta" no cerebelo foi um processo penoso e demorado, mas, depois de aprendido... essa habilidade nunca mais será apagada.

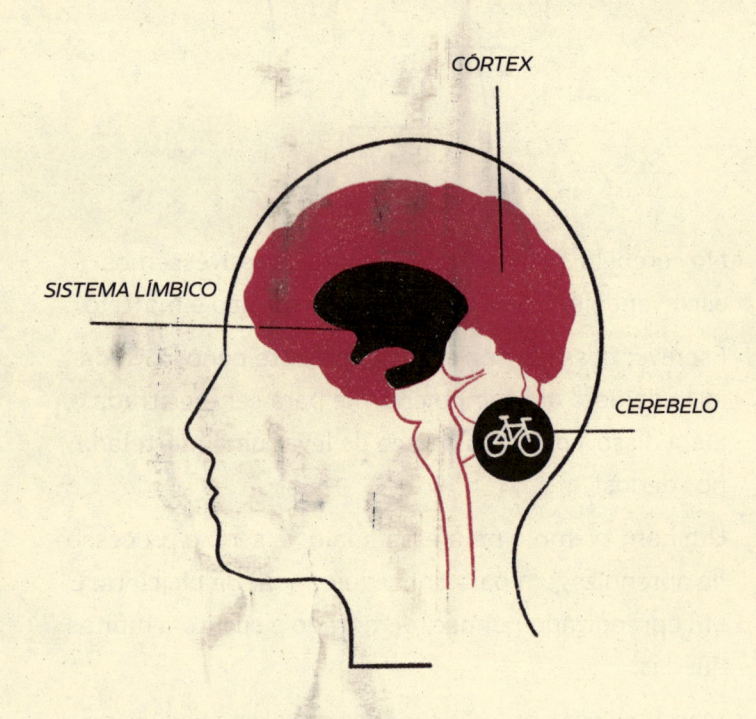

CÓRTEX

SISTEMA LÍMBICO

CEREBELO

Portanto, você poderá dizer:

"Eu **APRENDI** a andar de bicicleta", porque **APRENDER** é aprender **PARA SEMPRE** e não apenas para o dia seguinte!

No sistema límbico,[13] por outro lado, é facílimo escrever. É como se escrevêssemos com um bastão na areia da praia.

Mas, em compensação, um vento um pouco mais intenso ou a maré subindo apagarão tudo o que foi escrito.

Escrever no sistema límbico é fácil. Apagar o que está escrito... é mais fácil ainda.

Alguém, por exemplo, lhe diz um número de telefone.

Enquanto ele ainda estiver ressoando em seu ouvido, você irá reter a informação. Mas, se não tomar algum cuidado para registrá-la de forma permanente, em pouco tempo ela desaparecerá de sua mente.

Você está na cozinha em frente ao fogão, vira-se, anda até a geladeira, abre sua porta e... fica contemplando seu interior tentando lembrar o que diabos foi buscar ali dentro. Uma informação que foi registrada alguns segundos antes... já foi esquecida. É claro que, regressando até o fogão e reconstruindo a sequência de passos que deu origem à sua ida até a geladeira, você poderá se lembrar do que precisava pegar.

No sistema límbico, como já foi dito, é facílimo escrever; no entanto, também é facílimo apagar. As informações que você escreve em sua "areia" ficam retidas por

---

13 No qual existe uma estrutura chamada hipocampo, sobre a qual você ainda ouvirá falar muito.

alguns minutos ou até algumas horas, mas... jamais por **DIAS**!

Entretanto, o que for gravado no córtex é retido até o fim da vida!

Se quiséssemos simular um córtex humano, usando computadores, seria necessário criar uma rede com dezenas de **MILHARES** de computadores de última geração. E, ainda assim, apenas estaríamos providenciando a base de hardware sem ter a menor ideia de qual seria o software necessário para torná-la operacional.

O córtex humano é a mais eficiente e sofisticada máquina de pensar existente no planeta Terra,[14] o que significa que todo ser humano que tenha um cérebro intacto e funcional é, potencialmente, um gênio!

Com tanta capacidade de processamento e armazenamento, é incrível a baixa eficiência com a qual a maioria das pessoas opera essa maravilhosa máquina.

Existem duas maneiras de se usar o cérebro: uma é eficiente a curto prazo e ineficiente a longo prazo. A outra é, na aparência, ineficiente a curto prazo, mas muitíssimo eficiente a longo prazo.

Como a maioria das pessoas é imediatista, 99% dos estudantes (e não apenas brasileiros) utilizam, incentivados por famílias desinformadas, a primeira maneira.

O resultado é catastrófico!

---

[14] Há fortes suspeitas de que os golfinhos e outros cetáceos muito se aproximam dessa sofisticação.

– Bem, o truque, então, consiste em escrever diretamente no córtex. Como é que se faz isso?

– Impossível – sou obrigado a responder.

– Como assim, impossível? Tenho lembranças até de minha infância. Como foram escritas?

– Pois é, não foram escritas, foram **COPIADAS**.

Voltando à nossa analogia, vamos ver como é que as coisas vão parar no córtex.

Durante o dia, enquanto você está acordado, todas as informações que penetram em sua mente são escritas na areia. Existe um momento, porém, em que a região de areia, na qual você consegue escrever, já está tão rabiscada que somente é possível começar a escrever em cima de coisas já escritas.

Não há lugar para mais nada!

Nesse momento, seu cérebro percebe que chegou ao ponto de saturação, resolve dar um descanso e você vai **DORMIR**.

Sono não é "corpo cansado". É "cérebro entupido"!

Depois que você adormece, ao atingir o chamado "sono profundo", momento em que perde completamente a atividade consciente e passa a ter o Q.I. de uma alcachofra em coma, entra em cena um estranho personagem.

Durante o chamado sono REM (Rapid Eye Movement, ou "movimento rápido dos olhos", que ocorre quando, embaixo da pálpebra, vemos o globo ocular se movendo rapidamente de um lado ao outro), inicia-se uma rotina de reconfiguração das redes neurais.

Usando ainda a metáfora da praia, é como se entrasse em ação um "encarregado da manutenção do cérebro".

Ele olha o que foi escrito na areia (antes da "maré" subir) e que está em baixo-relevo.

Com grande estardalhaço (que seu cérebro interpreta como um sonho absolutamente desprovido de lógica), o encarregado da manutenção despeja, com uma betoneira, cimento fresco sobre a areia na qual você passou o dia escrevendo.

É claro que o que foi escrito está em baixo-relevo, ou seja, foi "afundado" na areia, criando sulcos.

Quando o cimento endurece, a placa solidifica e tudo aquilo que estava em baixo-relevo na areia agora está em alto-relevo na placa de concreto.

Isso significa que, durante o sono REM, o cérebro consegue copiar pelo menos uma parte do que foi escrito na areia durante a vigília.

Essa placa de concreto, com a cópia em alto-relevo do que foi escrito na praia, é levada a um gigantesco armazém (o córtex) e é armazenada **PARA SEMPRE**!

Creio que todos nós havemos de concordar que essa placa é muito mais durável do que as inscrições na areia que não sobreviverão à subida da maré.

Há, porém, uma enorme diferença entre essa placa e aquela pedra onde cavoucamos, por exemplo, a habilidade de andar de bicicleta: agora estamos dormindo e a decisão do que copiar é inconsciente.

Agora, note uma coisa importantíssima que vai ajudá-lo a entender melhor o raciocínio que vem a seguir: as informações que sobrevivem no processo são as que foram escritas **MAIS PROFUNDAMENTE** na areia.

Qual será, então, a técnica mais adequada de estudo?

Para entendê-la, devemos imaginar o cérebro de seu filho como um computador. É claro que se trata de uma analogia, pois seu filho e/ou filha são infinitamente mais inteligentes do que um computador pessoal.

No computador no qual estou digitando este texto (com apenas dois dedos, diga-se de passagem) existe uma memória volátil (RAM) que só retém informações enquanto estiver sendo "refrescada" por uma corrente elétrica (ou seja, enquanto o computador estiver ligado) e uma memória permanente, em disco magnético (HD), que mantém as informações mesmo que o computador seja desligado.

Se, nesse instante, faltar energia, os últimos parágrafos serão irremediavelmente perdidos, a menos que eu tenha me preocupado em "salvar".

Mas o que significa "salvar"? Significa transferir dados da memória RAM (pequena e volátil) para o disco rígido (enorme e permanente). Em outras palavras, ninguém consegue escrever diretamente no HD. Antes devemos escrever na RAM e, só depois, **COPIAMOS** para o HD.

Pois bem, o cérebro de seu filho também tem uma memória volátil, que só funciona a curto prazo, e uma memória permanente, que mantém as informações por anos a fio.

HD

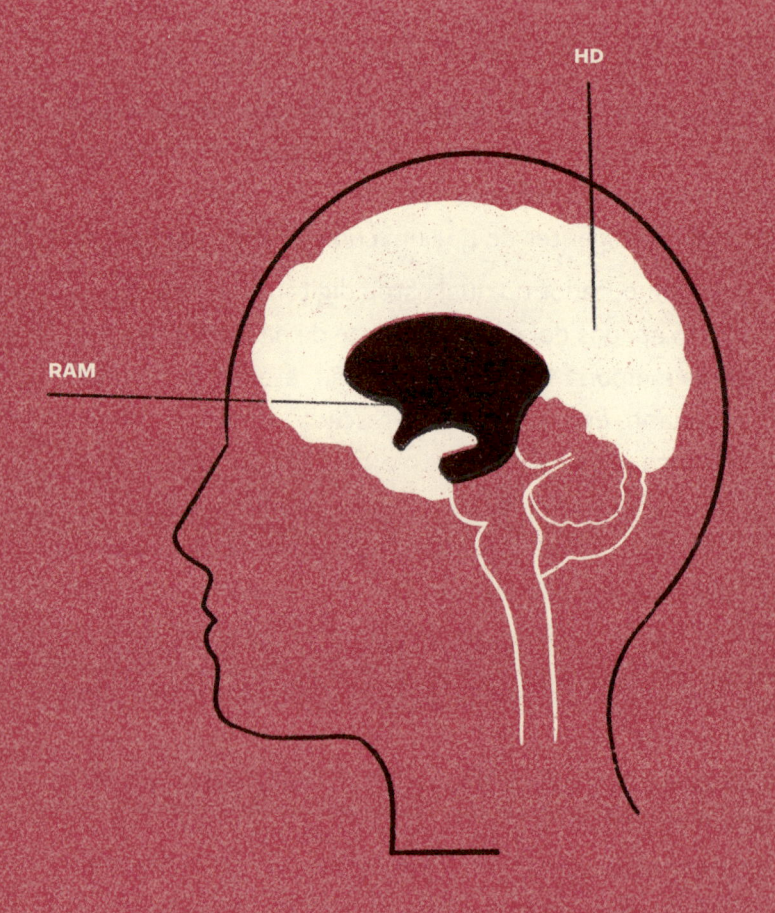

RAM

O grande drama da escola brasileira (do infantil ao doutorado) é que todos sabem salvar no micro, mas quase ninguém se preocupa em salvar no cérebro!

Salvar para quê? Tiro nota do mesmo jeito! Passo do mesmo jeito! Obtenho meus diplomas e meus títulos do mesmo jeito! Para que salvar?!

Percebem a farsa?

É evidente que o esquema tradicional de estudo, às vésperas da prova e entrando na sala de aula sem sacudir muito a cabeça (senão embaralha tudo), se baseia na memória volátil, a curto prazo.

Basta "escrever na areia" correndo, o mais em cima da hora possível, para não dar tempo ao vento de apagar tudo!

É uma espécie de mecanismo de defesa do pobre coitado do seu filho.

Ninguém cobra dele compreensão, competência ou conhecimento racional.

DIZEM que cobram. Mas, na hora H, todo mundo – pais, professores, colegas – cobra dele uma nota e ele tenta, até com sucesso, obtê-la da forma mais eficiente possível, com aquilo que até inconscientemente sente ser a melhor relação custo-benefício.

– Bem... – você pode me questionar agora –, e como fazemos para que ele grave as coisas na memória permanente?

Pois é, agora entra em jogo a diferença fundamental entre o cérebro humano e o computador.

Não vou entrar em detalhes técnicos, mas, por enquanto, basta saber que, em nosso cérebro, não existe um microprocessador, um "Pentium" ou um "AMD" – usando uma linguagem mais comercial. Nosso processamento é realizado de forma completamente diferente (tecnicamente diríamos que não somos máquinas de Turing).

Voltando ao cérebro de seu filho, poderíamos dizer que a principal diferença que ele apresenta em relação ao computador é que, neste, o hardware, ou seja, os circuitos eletrônicos que compõem a máquina, é fixo. Por mais informações que você coloque no computador, as placas e o microprocessador não sofrem nenhuma alteração física na maneira como a fiação está configurada.

No cérebro humano, como já vimos, isso só acontece quando as informações que circulam por nossa mente são as da memória a curto prazo, situada no sistema límbico.

Toda vez, porém, que algo é gravado na memória a longo prazo, situada no córtex, o circuito do cérebro se altera. Ocorre uma reconfiguração das redes neurais, alterando o "mapa" dos percursos seguidos pelos impulsos nervosos no processo de "pensar".

Os neurônios se ligam uns aos outros por meio de terminais – uma espécie de "tomadinhas" eletrobioquímicas – chamados sinapses.

Desse modo, a gravação de uma informação de forma permanente exige que algumas sinapses sejam desligadas, outras reforçadas, outras inibidas e outras, ainda, criadas visando alterar os caminhos que as pequenas correntes elétricas irão seguir.

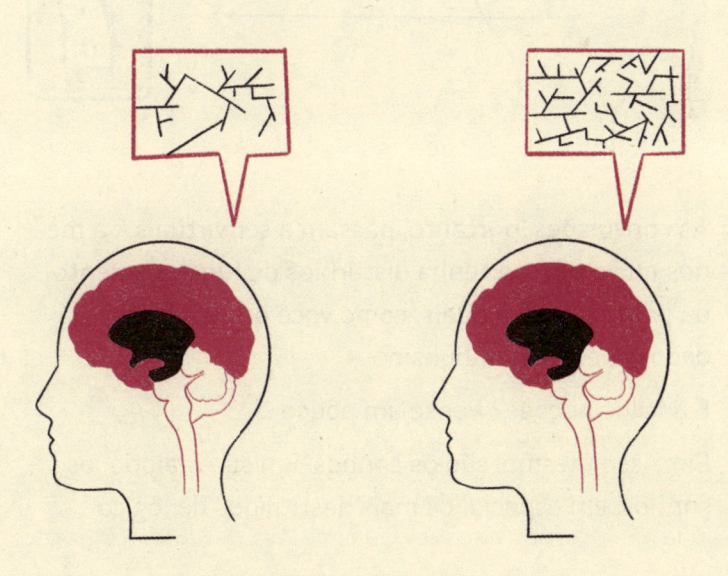

Esse processo é bastante traumatizante e, como efeito colateral, a mente deveria, durante o processo, produzir convulsões e alucinações.

– Convulsões, alucinações?! – ouço mães enfurecidas gritarem. – Você quer que meu filhinho fique louco?

Calma, minha senhora! A mãe natureza é sábia!

O processo de reconfiguração das redes neurais se dá quando seu pimpolho está dormindo.

Durante o sono, uma estrutura denominada "ponte" desliga o sistema nervoso central do corpo.

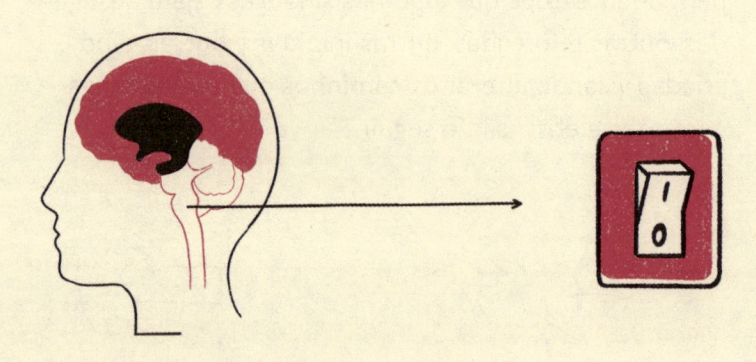

As convulsões, portanto, passam a ser virtuais – a menos que a pessoa tenha distúrbios de funcionamento da ponte, um dos quais, como você provavelmente já deduziu, é o sonambulismo.

E as alucinações? Pense um pouco...

Sim, isso mesmo, são os sonhos. Em sua maioria, os sonhos, em especial os mais destituídos de lógica e continuidade, são indícios de que algo está sendo transferido da memória volátil para a memória permanente.[15]

Observe que o conteúdo da informação que está sendo gravada não tem, necessariamente, correlação com o que está sendo sonhado, pois se trata de um ruído de fundo provocado pela alteração dos circuitos cerebrais.

Portanto, toda noite, uma parte do conteúdo da memória "RAM" de nosso cérebro é gravada no "HD".

Sem o sono não haveria aprendizado. Portanto, uma das atitudes mais idiotas que nossos filhos poderiam ter em relação ao estudo é passar noites em claro, "estudando".

É evidente que, durante a noite, não sonhamos o tempo todo. Como já vimos, existe uma fase de sono profundo, na qual estamos mentalmente "apagados", que se alterna com o chamado sono paradoxal, que se caracteriza por uma intensa atividade elétrica do cérebro e movimentos rápidos dos olhos (Rapid Eyes Movement = REM), perceptíveis sob as pálpebras fechadas, indicando que o pimpolho está sonhando e, portanto, reconfigurando suas redes neurais.

---

15 "Sonho" é o barulho que a betoneira faz quando despeja o cimento!

RITMO CIRCADIANO
24h ciclo sono/sonho

○ acordado
● sono profundo
● sono REM

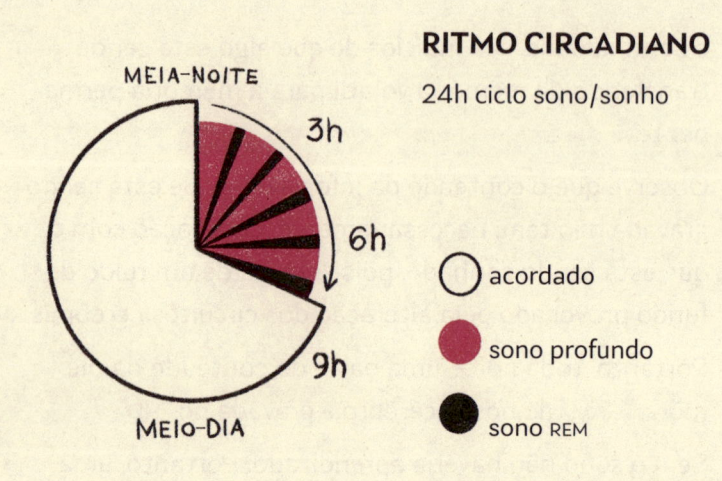

Logo após a Segunda Guerra Mundial, o exército norte-americano realizou uma pesquisa para determinar as causas de uma síndrome denominada "fadiga de combate".

Alguns soldados voluntários participaram de experiências sobre o sono, submetendo-se ao seguinte procedimento: durante a fase do sono profundo dormiam tranquilamente; porém, ao se iniciar a fase de sonho (REM), eram acordados e impedidos, dessa forma, de usufruir do sono paradoxal.

Resultado: em poucos dias começaram a ter, mesmo acordados, tremores (ou até convulsões) e alucinações, apresentando sintomas de desequilíbrio mental e uma assustadora incapacidade de aprendizado. Em outras palavras, isso quer dizer que, à noite, você não dorme para descansar.

Descansar é o que você está fazendo agora, sentado(a) lendo este livro. À noite, você dorme para sonhar! E sonha para reconfigurar o cérebro!

– O.K., até agora você me convenceu de que meu filho deve ter uma saudável e tranquila noite de sono. Tudo bem. Mas... e o aprendizado? Ele não transfere todo o conteúdo da memória volátil para a memória permanente toda noite?

Todo o conteúdo não! Apenas uma pequena parte.

Apenas o que o impressionou emocionalmente, ou seja, o que foi gravado **PROFUNDAMENTE** na "areia" límbica. O resto desaparece.

E, como eles não costumam achar as aulas uma experiência emocionante, normalmente são as aulas que vão parar no lixo![16]

---

[16] Se o professor der uma aula maravilhosa para seu filho e, no meio da aula, contar uma piada, depois de dois meses, do que o pimpolho vai se lembrar? Da piada, óbvio!

A esta altura do raciocínio que estamos elaborando juntos, se você já leu a *Odisseia*, de Homero, deve estar pensando na tapeçaria de Penélope.[17]

Tudo aquilo que a escola tenta fazer com a cabeça de seu filho durante o dia é alegremente desfeito à noite.

Os professores fazem de conta que ensinam, seu filho faz de conta que aprende e a farsa é sacramentada por um ritual vazio chamado prova, da qual resulta um número absolutamente desprovido de significado ou com um significado surrealista. "Menino, fique quieto e pare de conversar, pois senão você ficará com um ponto a menos em sua média bimestral."

O que é isso?! No primário não nos ensinaram que não se pode somar bananas com laranjas? O que uma nota, que deveria refletir a eficiência de um aprendizado, tem a ver com o comportamento de um aluno em sala? O que acontece é que as laranjas acabam se misturando com as bananas, pois, no fundo, todos sabem que a escola é um gigantesco faz de conta. Para que tanto rigor? Não é pra valer mesmo!

– ... Mas, caro professor, espere um pouco! Não é possível que ninguém tenha visto isso antes de você.

Claro que sim! Acontece que a autoridade dos incompetentes que cuidam de nosso sistema educacional

---

[17] Ao ser pressionada pelos pretendentes para que escolhesse um deles para se casar, já que seu marido, o rei Ulisses, havia sido dado como morto, Penélope prometeu que o faria, assim que terminasse de tecer uma tapeçaria. Só que ela tecia de dia e à noite desmanchava o que havia tecido, para ganhar tempo, pois sabia que seu marido acabaria voltando.

supera enormemente a dos que têm uma visão lúcida do problema.

Como dizia Nelson Rodrigues (e não apenas ele!), "toda unanimidade é burra"! Se todo mundo pensa diferente, isso não é argumento para achar que todo mundo está certo.

Aliás, pode até ser um argumento contra.

A inércia do "sempre foi assim" é fortíssima!

– Mas... – insiste o pai preocupado – não se pode alterar esse estado de coisas?

Sim, claro que é possível; aliás, isso já foi feito.

– Onde? – pergunta o pai aflito.

Nos cursinhos! Durante 60 anos o cursinho, onde passei quase toda a minha vida, não compactuou com a farsa!

– Pronto! Lá vem você com esse cursinho de novo! O que é este livro? Um longo comercial do cursinho onde você trabalhou por tanto tempo?

Pelo contrário! Se os leitores se convencerem do que estou dizendo, os cursinhos deixarão de existir! Apenas cito o cursinho onde lecionei tanto tempo porque é um dos poucos lugares deste país onde as circunstâncias fizeram com que a farsa não pudesse ser perpetrada. Veja bem, lá não existe nenhum gênio da pedagogia. Todos, porém, somos gênios em sobrevivência!

Se eu não abocanhar pelo menos metade das vagas das melhores faculdades, não terei alunos no ano que vem!

Isso fez com que, nem que seja na base da tentativa e erro, tenhamos descoberto coisas que as tais pedagogas de Brasília sequer suspeitam que existam. Afinal, se elas se enganarem, seu ganha-pão não estará ameaçado; apenas o de milhares e milhares de coitados que, ao receberem uma educação absolutamente mentirosa, terão muita dificuldade em entrar no mercado de trabalho.[18]

Quando entrei no cursinho, jovem e tímido, tive uma entrevista com um dos diretores, que chegou à conclusão de que, apesar de parecer um idiota, eu sabia Física.

Superada a primeira etapa, tive de enfrentar o outro diretor que, com o passar do tempo, aprendi a respeitar como um dos indivíduos que mais entendiam de educação neste país.

Após aquele clássico papo inicial que se tem com todo recém-contratado, ele me olhou firmemente e disse:

– ... e lembre-se de que, aqui no cursinho, nenhum professor se preocupa em dar boas aulas ou ensinar bem a matéria!

Perplexo, olhei para ele com ar de interrogação. Ele completou:

– A única preocupação que um professor deste cursinho tem é fazer o aluno aprender. Só assim o aluno

---

18   Desde que lancei esta coleção, tenho feito literalmente centenas de palestras pelo Brasil disseminando essas ideias e, felizmente, tenho tido um retorno extremamente positivo, tanto é que minha maior propaganda é o boca a boca.

terá chance de passar num vestibular concorrido. Não existem "dicas" ou "truques". A realidade do vestibular é bem simples: quem aprende tem chance de entrar. Quem faz de conta que aprende, com certeza fica de fora![19]

Pois é, como fazer o aluno aprender de verdade e não na base do faz de conta?

Simples: se a transferência do conteúdo da memória transitória para a memória permanente ocorre toda noite, o estudante deve arranjar uma forma de avisar seu cérebro de que o que ele viu nas aulas pela manhã deve ser armazenado na memória permanente durante o sono.

Para isso, é suficiente que ele dedique alguns minutos, toda tarde, para cada aula vista pela manhã. Basta pegar o mais importante do que foi escrito de leve na areia e aprofundar ao máximo (fazendo os exercícios e as leituras indicadas pela tarefa), de maneira a criar uma placa de concreto com um alto-relevo bem nítido.

No ritmo em que a matéria é ensinada no ensino básico, isso representa de meia hora a uma hora de estudo por dia. Todo dia!

Já no curso preparatório para o vestibular, o ritmo é alucinante, pois, em poucos meses, temos de recupe-

---

19 Baseado nesse conselho, algum tempo depois inventei a chamada apostila-caderno. Isso gerou um sistema de aprendizagem que, infelizmente, por razões comerciais, acabou sendo deturpado para SISTEMA DE ENSINO e foi copiado fartamente, infestando o Brasil com materiais que perpetuam o erro básico.

rar todo o tempo que seu filho jogou fora participando (COM SUA CUMPLICIDADE) da farsa no colégio. Nesse caso, seu filho terá que estudar de três a quatro horas todas as tardes.

Se você conseguir convencer seu filho a estudar, um pouco que seja, mas todo dia e não na véspera da prova, será dado o mais importante e decisivo passo para deixar de participar da farsa.

O mote é:

Aula dada... aula estudada HOJE![20]

Observe que, de forma desajeitada, muitos professores da chamada "escola tradicional" tentam implantar esse hábito da tarefa. Onde eles erram?

O primeiro erro é não insistir no fato **FUNDAMENTAL** de que a tarefa deva ser realizada **NO MESMO DIA** no qual a aula correspondente foi dada.

Se o professor, por exemplo, der aula na mesma turma todas as segundas e quintas-feiras e, no final da aula de segunda, deixar claro que a tarefa referente a essa aula será cobrada na próxima aula... o que acaba acontecendo?

Se os alunos (**E A FAMÍLIA**) não forem corretamente orientados, é normal que os alunos acabem fazendo

---

[20] Mote esse que é repetido Brasil afora por pessoas que não me conhecem nem nunca ouviram falar de mim. Isso me envaideceria se, além de repetir o mote, também se preocupassem em pô-lo em prática, o que nem sempre acontece.

a tarefa na quarta-feira ou, pior, acabem copiando de um colega na própria quinta-feira, minutos antes da cobrança. A essa altura, a tarefa tornou-se um ritual inútil que não leva à fixação desejada.

Esse primeiro erro, na verdade, é consequência do segundo: premiar a execução da tarefa ou punir sua falta com nota! Essa fixação com a nota, como elemento de premiação ou punição, é que transforma a estrutura escolar na imensa palhaçada que é atualmente.[21]

Na realidade, é necessário que exista um convencimento para que se crie um hábito, como o hábito de escovar os dentes. Quando seu filho era pequeno você tinha de perguntar frequentemente:

– Filhinho, já escovou os dentes?

Hoje, se alguma circunstância o impedir de escová-los, ele se sentirá muito incomodado. Se, ao acordar, faltar água, ele pegará água potável da geladeira para poder escová-los.

Já criou o hábito!

Assim, o que era uma obrigação tornou-se uma necessidade. Sabe me dizer por quê?

Porque se criou um HÁBITO!

---

[21] Visitando uma tradicionalíssima escola de São Paulo, fui informado de que o Fundamental I era dado em período integral; portanto, a tarefa era executada na própria escola. Fiquei muito contente com a iniciativa até o momento em que descobri a incrível capacidade que certas pedagogas têm de perpetrar barbaridades: a escola ministrava as aulas no período da tarde, e a tarefa a elas relacionada era feita na manhã seguinte: DEPOIS DE UMA NOITE DE SONO!

Pois bem, se você conseguir que seu filho se sinta incomodado quando não executar a tarefa de casa, poderá considerá-lo alguém com um futuro promissor.

– Mas isso é possível? Existem crianças e adolescentes que têm o hábito de estudar diariamente e não na véspera da prova?

Sim, milhares. Milhares que, com o passar do tempo, entraram na USP, na Unicamp, na Unesp, no ITA, no IME, na GV, na UNB, na UEL, na UFBA, entre outras. **SEM FAZER CURSINHO**!

– E os que não criaram esse hábito?

Bem, esses entraram na Faculdade de Xiririca dos Cafundós ou na Nhanhanguera-Massabi e, durante o curso, colocaram um smoking e foram passar vergonha em um programa de perguntas e respostas na TV. E mais: colaram um adesivo da faculdade no vidro do carro COM ORGULHO!

Depois de formados, engrossam o exército de incompetentes que culpa o governo por falta de emprego, num país cheio de vagas. Só que vagas para competentes![22]

– Mas como convencê-los a criar esse hábito?

A questão é como inculcar na cabeça deles o mote:

AULA DADA... AULA ESTUDADA HOJE!

---

22 Em uma palestra que fiz para gestores de RH de uma multinacional, um deles se queixou da falta de qualificação profissional da maioria dos candidatos. Eu fiz notar que é impossível termos qualificação profissional se antes não tivermos qualificação intelectual. E não é ficando grudado em redes sociais que essa qualificação será obtida!

Bem, em primeiro lugar, pedindo-lhes que façam um experimento: tentar estudar a matéria com conta-gotas todo dia antes do próximo ciclo de provas, anotando quantos minutos gastaram no total.

Seu filho terá três surpresas:

- ao chegar à véspera da prova, ao se predispor a dar aquela "rachada" na matéria, descobrirá que não há necessidade de estudar... bastará uma simples revisão;

- somando os minutos gastos no estudo diário e comparando com o tempo de "rachação" que habitualmente ele teria de gastar na véspera da prova, verificará que está estudando menos;

- a terceira surpresa não é tão imediata: depois de passados alguns anos, no momento do vestibular, descobrirá que, ao contrário do que irá acontecer com muitos de seus colegas, aquele assunto ainda está presente em sua mente.[23]

– Mas... – você perguntará – funciona mesmo?

Meu Deus! Funciona há 60 anos!

Vou citar apenas dois dos milhares de exemplos possíveis. Há alguns anos fiz palestras para alunos e pais em uma escola de São Paulo para imigrantes coreanos.

---

23 Há, ainda, uma quarta consequência: se fizermos um teste de Q.I. no pimpolho antes de criar esse hábito e alguns anos depois de tê-lo criado, verificaremos que ele ficou MAIS INTELIGENTE!

Na palestra para os pais, com a ajuda de um intérprete, o lema **AULA DADA, AULA ESTUDADA HOJE** fez muito sucesso! Os pais coreanos acreditam piamente que seus filhos não devem ser bons alunos (como acha a maioria dos pais brasileiros), mas, sim, **BONS ESTUDANTES**.

Algum tempo depois, o professor que havia sido meu intérprete me telefonou. Disse que uma alta autoridade do sistema de ensino coreano estava em São Paulo e pedira para almoçar comigo.

Marcamos então um almoço, durante o qual conversamos com a ajuda do intérprete.

Lá pelas tantas ele se referiu ao sucesso que minha palestra havia tido junto aos pais da escola coreana e me disse:

– Já que vocês estão imitando o Sistema Finlandês há um certo tempo, queria saber se deu bons resultados, porque nós também, na Coreia do Sul, gostaríamos de imitá-los.

– Imitando o Sistema Finlandês? – perguntei espantado.

– Sim – retrucou ele. – Aula dada, aula estudada hoje.

– Mas que eu saiba ninguém está imitando ninguém. Aliás, se alguém está imitando alguém foi a Finlândia que imitou a gente, porque nós usamos esse sistema há 60 anos!

Dispensando o intérprete ele exclamou com espanto:

– *Sixty years*?!

– Sim, sessenta anos!

Ele parou um pouco e finalmente, voltando ao coreano, perguntou:

– E por que o Brasil inteiro não usa isso?

Achei que o intérprete não saberia traduzir "tias Maricotas" e deixei a resposta para ele.

Ah! E a conta também.

Algum tempo depois, uma mãe aflita me telefonou de outro estado.

– Professor Pier, desculpe telefonar em seu número particular, mas estou muito preocupada com minha filha. Ela assistiu à sua palestra quando estava na 8ª série e resolveu fazer exatamente tudo o que o senhor aconselhou. Minha filha acaba de terminar o 3º ano do ensino médio e resolveu prestar o vestibular aí em São Paulo.

– No que posso ajudar? Ela vai fazer cursinho aqui?

– Não, não – a mãe respondeu –, ela já fez e já passou. Ela entrou na medicina da USP, da Unesp e da Unicamp[24] e não sabe qual escolher!

– Que problemão! – ironizei. – Antes de tudo, meus parabéns à garota. Agora, com relação à escolha...

E aí comecei a comentar os prós e os contras das três faculdades para que ela pudesse fazer a escolha com conhecimento de causa.

---

24 As três principais universidades estaduais do Estado de São Paulo.

Mas o que é estranho nessa história é o fato de a família não ter achado esquisito o extraordinário êxito da garota.

Para eles, foi absolutamente normal. E foi **NORMAL**!

Essa garota frequentou pelo menos quatro anos de escola (uma boa escola, vale a pena dizer) de maneira adequada.

Nada mais normal do que conseguir aquilo que as vítimas das farsas não conseguem, a não ser a duras penas e às vezes, até, com vários anos de cursinho.

Anormal é compactuar com a palhaçada a que se resumiu a escola no Brasil!

Certa vez, fui à TV entrevistar o superintendente de um dos maiores vestibulares do Brasil.

No intervalo, entre um bloco e outro, ele me disse:

– Pier, eu não posso falar bem de seu cursinho no ar porque não seria ético, mas o que vocês fazem para obter um resultado tão fantástico? Vocês entram com menos de 5% dos candidatos e conseguem mais da metade das vagas nas faculdades mais concorridas! Qual é o segredo? Vocês devem ter os melhores professores do mundo!

– Esse não é o segredo. Nós temos ótimos professores,[25] mas nossos concorrentes também têm!

– Então vocês devem ter o melhor material! – insistiu ele.

---

25 E, para ser honesto, algumas porcarias também. São os famosos "ibopeiros". Poucos, felizmente.

– Na verdade, quem inventou esse sistema de apostila-caderno fomos nós. Todos os nossos concorrentes imitaram e alguns imitaram tão bem que fizeram materiais tão bons quanto os nossos.

– Então, qual é o segredo?

– Simples: nós temos os melhores alunos!

– E onde vocês vão buscar esses melhores alunos? – perguntou intrigado.

– Nós não vamos buscar. Não somos como alguns que oferecem bolsas aos "geninhos" das escolas ou, até, PAGAM para que eles emprestem o nome em listas de aprovação fajutas. Nós não caçamos talentos: nós **CRIAMOS TALENTOS**!

– E como se criam talentos?

– Simples: é só convencer os alunos a **ESTUDAR POUCO**, mas **TODO DIA**. E, além disso, **NUNCA** estudar para provas. Os meus alunos são os melhores porque, simplesmente, se convenceram de que devem estudar menos! Os meus alunos estudam pouco e na hora certa. Todo dia, todo dia, todo dia.

Aula dada... Aula estudada... HOJE! Esse é o segredo do sucesso! Meus alunos se transformaram em ESTUDANTES!

– E os alunos da Finlândia? Eles não foram seus alunos! – você poderia argumentar.

Pois é, eu fui até a Finlândia[26] (e não à Espanha!) para ver o que fazem por lá, e descobri que eles também, sem querer, fazem a coisa certa.

A Finlândia é um país altamente feminista. Quase a metade do Parlamento finlandês, por exemplo, é constituída por mulheres.[27] Todas as finlandesas trabalham e, como se trata de um país de Primeiro Mundo, não há empregadas domésticas. Consequentemente, todas as escolas finlandesas funcionam em período integral, porém... **SÓ TÊM AULAS PELA MANHÃ**!

– E à tarde, o que os alunos finlandeses fazem, além de esportes?

Simples, eles se limitam a fazer...

... AULA DADA, AULA ESTUDADA HOJE!

O que quer dizer que, há 60 anos, Primeiro Mundo éramos nós!

Não entendendo a importância disso, algumas escolas chegam a afirmar que "o importante não é passar na USP,[28] o importante é ser feliz", para arrebanhar justamente aqueles alunos que acham que podem obter

---

26   E fui muito antes do tal exame PISA. A Rússia ainda fazia parte da União Soviética!

27   Com participação superior a 40% registram-se, também, a Suécia e a Argentina. Em Ruanda, na África, as mulheres detêm METADE das vagas parlamentares!

28   Ou em alguma outra universidade estadual ou federal, dependendo do local.

resultados sem ter de estudar. Não sabem, os coitados, que se formar numa dessas "faculdades" geridas por estelionatários educacionais pode proporcionar qualquer coisa no futuro, menos "ser feliz".

Apenas quem não sabe desse segredo (e não quer saber) são os incompetentes que ficam ditando normas educacionais absurdas em Brasília, e que odeiam os professores de cursinho porque são a prova irrefutável de sua própria incompetência.

Quando desconfiaram, em Brasília, de que era melhor ir para Helsinque do que para Barcelona (quando poderiam ter vindo a São Paulo, dilapidando menos dinheiro dos contribuintes), os gênios do MEC foram ver **COMO ERAM DADAS AS AULAS**!

Vieram com "novidades" do tipo "substituir as carteiras por bancadas" e não perceberam que o segredo estava no estudo **SOLITÁRIO** à tarde e não na maneira como as aulas estavam sendo dadas pela manhã. Resumindo, os coitados correm atrás de novas formas de ensinar e não percebem que o segredo está nas velhas formas de aprender.

No dia em que esse bando de desorientados perceber que ninguém aprende coisa alguma se não for **AUTODIDATA**; no dia em que, finalmente, desconfiarem de que a aula é uma simples premissa para preparar o aluno ao estudo das tarefas, e não que as tarefas é que são um eventual complemento das aulas, talvez consigamos ingressar no Primeiro Mundo!

Esse é o motivo pelo qual posso ter 200 alunos em uma sala de aula. Na sala de aula ninguém aprende, tenha 200 ou dez alunos. Passou da 5ª série (6º ano, 1º ginasial... o que está na moda agora?), a aula serve para **ENTENDER**. É o estudo solitário pós-aula que permite **APRENDER**.

Durante as aulas, seus filhos escrevem "de leve" na areia. Na hora da tarefa reescrevem de maneira a **APROFUNDAR** as marcas. Sem isso, o que irá para o córtex será a famosa tabula rasa!

Minha esperança é que, ao ler este livro, os pais (que, além de pais, são eleitores) comecem a pressionar as chamadas "autoridades de ensino", questionando-as e tentando mudar as regras do jogo, transformando todas as escolas do Brasil num gigantesco cursinho para valer!

Até aqui vimos quando e quanto seu filho deve estudar. Todo dia, um pouco. Mas todo dia, até tornar-se um hábito. E, como todo bom hábito, deve substituir um vício: o de estudar na véspera da prova.

Se alguém quiser me ver perdendo a paciência, gritando a plenos pulmões e gesticulando como um italiano enfurecido, basta esperar que um aluno me pergunte:

– Pier, na sua matéria, até onde cai na prova?

Os 12 anos de mentira, de farsa, de deformação que a escola oficial o obrigou a viver foram tão condicionantes que, mesmo depois de ter sido doutrinado com o famoso "Aula dada... aula estudada", ele (ou ela) ainda insiste em querer estudar na véspera.

A pergunta "até onde cai?" é duplamente mal-intencionada. Em primeiro lugar demonstra, como já disse, a intenção de estudar na véspera. Em segundo lugar, mostra que o troglodita não quer estudar um milímetro além do necessário.

Mas... necessário para quê? Para tirar nota! O coitado foi tão deformado pela escola que insiste em ter como único objetivo uma nota, mesmo num simulado!

O pai autoritário quer **NOTA** e o coitado, num mecanismo de defesa, lança mão de qualquer recurso para obter a tal **NOTA**.

– Mas como faço, então, para orientar corretamente meu filho sobre quando e como estudar?

Bem, sobre o *quando* acho que já está resolvido: **O MAIS PERTO POSSÍVEL DA AULA E O MAIS LONGE POSSÍVEL DA PROVA!**

O *como* está mais do que explicado num velho ditado oriental:

Se ouço... esqueço!

Se vejo... entendo!

Se faço... aprendo!

Não adianta nada estudar de forma passiva, simplesmente ouvindo ou vendo. O truque é **FAZER**. Imagine, por exemplo, seu filho ou filha lendo um capítulo de História.

A simples leitura pode até trazer compreensão, mas jamais aprendizado.

– Ah! Mas minha filhinha não se limita a ler! Ela sublinha todos os pontos importantes do capítulo com caneta marca-texto amarela!

Puxa! Que maravilha! Assim sua filhinha jamais aprenderá História, mas pelo menos irá desenvolver uma habilidade cada vez maior em traçar riscos amarelos!

O que sua filhinha deve "fazer", minha senhora, é pegar num lápis e numa folha de papel de rascunho e **ES-CREVER** tudo aquilo que simplesmente sublinharia. Ao terminar, deve amassar e jogar a folha de papel no lixo!

– Como assim, jogar no lixo? Então, escreveu para quê?

Para gravar no cérebro! O que está no papel não vale nada.

O que interessa é o que está na mente!

O que faz as coisas ficarem gravadas é o ato de fazer.

Você jamais se esqueceu de como se anda de bicicleta porque você, ao aprender, **FEZ**. Você não ficou olhando os outros andarem nem ficou lendo manuais de autoajuda do tipo "Aprenda a pedalar em dez lições sem mestre". Você subiu na bicicleta, levou seus tombos e aprendeu. **PARA SEMPRE!**[29]

Imagine, senhor pai, que sua distinta consorte queira, a todo custo, fazer uma visita à casa do irmão que mora em local ermo e mal sabido. O senhor não tem a menor ideia de como se orientar naquele bairro tenebroso, mas sua cara-metade sabe o caminho. Conformado, o senhor resolve encarar a jornada.

Das duas, uma: ou sua senhora dirige o carro até o destino e o senhor, passivamente no assento do passageiro, fica olhando e tentando prestar atenção nas

---

29 Aliás, os tombos ocorreram porque o aprendizado na região do cerebelo acontece enquanto o indivíduo está acordado. É isso que torna o processo tão penoso e tão necessariamente repetitivo.

"quebradas", ou o senhor dirige e sua cara-metade fica no banco do "carona" passando instruções.

Qual das duas opções permitirá que o senhor possa voltar na semana seguinte, sozinho?

Pois é! Esse é o segredo do estudo e o motivo pelo qual nenhum curso pela TV jamais funcionará.

Pela internet, usando um computador, ao contrário, o aprendizado a distância funciona um pouco melhor!

Cuidado, porém! O computador pode servir para obter acesso à informação, para **ENTENDÊ-LA**. **Não vai servir para APRENDER. Para isso é indispensável ESCREVER. Eu disse ESCREVER e NÃO DIGITAR!**

As "tias Maricotas" convenceram os políticos de que é interessante arrumar um tablet para cada aluno no lugar do caderno. Nos EUA há estados que orientam as escolas a não mais alfabetizar com escrita, mas ensinar apenas a digitar. Imitando esses idiotas e de olho nas gordas propinas que a compra de centenas de milhares de tablets irá gerar, estão criando uma próxima geração de imbecis "antenados".

O tablet deve ser usado como algo além do livro e do caderno, mas nunca como seu substituto!

Portanto, daqui para a frente, entenda-se que **ESTUDAR** é um ato solitário, individual[30] e sempre realizado com um lápis na mão, **ESCREVENDO**!

---

30 Não existe "grupo de estudos". Se é "em grupo", não é estudo!

Durante a **aula**, seu filho **ouve** e **vê**. Portanto, durante a aula, seu filho **entende**.

Em casa seu filho **faz**. Portanto, em casa, seu filho **aprende**.

Somente poderemos evitar a farsa se entendermos que todo o processo educacional é uma sociedade.

Nós, professores, entramos com a **aula dada** e seu filho, em casa, com a **aula estudada**.

Nós entramos com o **entendimento** e ele com o **aprendizado**.

Nós fiscalizamos a execução da primeira metade e os pais devem fiscalizar a segunda. É claro que existem pais que acham que é possível terceirizar a própria paternidade e querem que a escola assuma os dois papéis, o que obriga a escola a ter de cobrar o estudo em casa e, mais uma vez, adivinhem como? **NOTA**!

Pronto! Estragou tudo! Culpa da escola? Não, culpa de pais ausentes e/ou irresponsáveis.

– Mas eu trabalho e minha esposa também. Como é que podemos fiscalizar a parte da aula estudada?

Existem três possibilidades: escola em período integral, contratação de um monitor ou período estendido.

Vou explicar melhor.

Já existem algumas escolas que perceberam a extrema importância do estudo solitário. Elas instituem um período integral, mas não colocam aulas adicionais. Ao contrário, colocam, isso sim, um monitor (quase sempre um estudante universitário no papel de estagiário) que simplesmente toma conta dos alunos para que eles façam a tarefa sozinhos.

Como não há aulas a mais, o custo adicional, no caso de uma escola particular, é irrelevante.

Essa técnica, porém, se defronta com um problema sério em cidades grandes: o almoço! Em cidades pequenas ir para casa almoçar e depois voltar à escola é simples. Em cidades grandes é virtualmente impossível.

Almoço na escola, em especial na escola pública, não é ou, pelo menos, não deveria ser problema. Nas escolas particulares, porém, isso representa um acréscimo na mensalidade, além de todo o problema logístico.

Uma outra saída é a de algumas famílias se juntarem, montando um grupo de estudo monitorado por um professor particular cuja remuneração é dividida de forma viável. Observe que a função desse professor não é dar aulas particulares nem sequer ensinar: sua função é fiscalizar o estudo **SOLITÁRIO**, tirando, esporadicamente, algumas dúvidas.

Uma terceira saída para o impasse é a de tornar o período de permanência na escola um pouco mais longo e transformar a última aula em "aula-tarefa". Vi esse esquema funcionar maravilhosamente para o Fundamental I, em uma escola em Andradas (MG).

O processo educacional é como uma sociedade limitada com apenas três sócios: os alunos, a escola e a família. É indispensável, portanto, que os pais entrem com seu terço da cota nessa sociedade. Eles devem ter plena consciência de que entendimento e aprendizado são duas fases interligadas, porém distintas do processo.

Devem observar que, dependendo da matéria, os processos de entender e aprender podem ser bem diferentes.

Matemática, por exemplo, é uma das matérias mais fáceis de aprender.

– Não, não. Espere aí! Agora você exagerou! Matemática? Fácil de aprender? Você está maluco?

Calma, calma! Sua indignação é injustificada. Você está simplesmente confundindo **APRENDER** com **ENTENDER**. Matemática é difícil de **ENTENDER**, mas, uma vez entendida, é fácil de aprender: basta **FAZER** os exercícios. Desde que, insisto, tenha sido previamente entendida.

História, por outro lado, é fácil de ser entendida, mas trabalhosa para ser aprendida.

Deu para perceber a diferença?

Eu sei que, neste momento, alguns pais gostariam de desviar um pouco do assunto perguntando:

– E por que Matemática é tão difícil de ser entendida?

O motivo, mais uma vez, é causado pela suprema imbecilidade de se estudar para a prova! Quem assim faz esquece logo em seguida o que estudou. Como a Matemática é uma matéria que depende, a cada instante, de conhecimentos anteriores, é a maior vítima do círculo vicioso "estuda... tira nota... esquece"!

Nenhuma matéria que precise de pré-requisitos resiste ao péssimo hábito de estudar para a prova!

SABRINA

I find television very educating. Every time somebody turns on the set, I go into the other room and read a book.[31]

Groucho Marx
(1890-1977)

Vamos, agora, ao terceiro problema.

3. OS ALUNOS (INCLUSIVE OS ADULTOS) NÃO GOSTAM DE LER LIVROS

Como já vimos, o verdadeiro processo de aprendizagem ocorre no momento de **ESTUDO SOLITÁRIO**, o que significa que ninguém aprende coisa alguma se não for **AUTODIDATA**!

---

31 Acho a TV muito educativa. Toda vez que alguém liga o televisor, me dirijo para o outro quarto e leio um livro.

Assim, eu pergunto: como pode alguém ser autodidata se for um analfabeto funcional? Como pode obter informações de um texto se não sabe interpretá-lo?

– Mas – como pai preocupado, você pergunta – essa situação tem conserto?

Sim, com a ajuda de pais e mães.

Insisto na **SUA** ajuda e não na da escola. Esqueçam a escola.

Em sua maioria, a escola não só não consegue criar, no aluno, o gosto pela leitura como também, *au contraire*, consegue insuflar um ódio profundo pela palavra escrita.

Ao escolher textos chatos, pedantes, nada divertidos, faz com que a criança e o jovem encarem a leitura como uma desagradável obrigação.

Eu costumo dar, aos meus alunos, o conselho que dei a um de meus filhos que me procurou, aos 15 anos, desesperado, pois não conseguia sentir prazer em ler. A seu favor ele tinha plena consciência de que a leitura era importante, mas não conseguia entender como alguém poderia sentir prazer em fazer uma coisa tão chata quanto ler.

– Foram escritos milhões de livros neste mundo. Um foi escrito para você! – eu disse a meu filho naquela ocasião.

– Qual? – perguntou com os olhos brilhando.

– Não sei – respondi –, cabe a você descobrir!

– Mas... como?

– Simples, comece a ler um livro qualquer, escolhido sem preconceitos. Não precisa ser Machado de Assis (aliás, é bom que não seja!), pode ser Agatha Christie. Não precisa ser Clarice Lispector, pode ser Anne Rice. O que importa é que, se passados os primeiros capítulos, você perceber que está chato, **PARE**! Comece outro!

– E se o outro também for chato?

Brincando, eu respondi:

– Pare e comece mais um! Livro é como uma namorada: se for chata... TROQUE![32]

– Mas quantas tentativas devo fazer? – insistiu meu filho.

– Tantas quantas forem necessárias para que você ache SEU livro. E você vai perceber o que é gostar de ler um livro.

Pois bem, na sétima ou oitava tentativa (já tive alunos que tiveram a admirável persistência de fazer até 30 tentativas!), meu filho descobriu *O Hobbit*, do Tolkien.

Devorou o livro e não só isso: ao descobrir que *O Hobbit* era uma espécie de livro preliminar de uma obra gigantesca chamada *O Senhor dos Anéis*, mergulhou nessa última trilogia com, insisto, **PRAZER**!

---

32 Observe que a atitude das escolas tradicionais é: "Está chato? CONTINUE SENÃO VOCÊ NÃO VAI TIRAR NOTA!". Dá para perceber por que nossos filhos passam a odiar a leitura?

É claro que hoje ele lê até Machado de Assis com prazer, mas isso somente aconteceu porque foi iniciado da forma certa.

Não custa repetir: só lê muito quem lê por prazer. Essa é a única luz no fim do túnel!

Há alguns anos, fui visitar uma escola na cidade de Bebedouro (SP) e dei uma palestra para pais e alunos sobre a importância do estudo diário e da leitura. Quando eu voltei, no ano seguinte, tive uma surpresa maravilhosa. Em um bate-papo com os alunos da 5ª série, perguntei quem estava lendo um livro gostoso. Todas, insisto, todas as mãozinhas se levantaram com entusiasmo.

– E o que vocês estão lendo? – perguntei curioso.

– Harry Potter! – foi a resposta unânime.

Alguns ainda estavam no volume 1, outros já haviam chegado ao 4,[33] mas todos estavam lendo com prazer.

A verdadeira mágica do menino bruxo não foi voar numa vassoura, mas, sim, fazer as crianças saírem da frente da TV e começarem a ler com **PRAZER**.

Algumas mães acharam ruim porque "se ler Harry Potter, meu filho vai querer virar bruxo".

Ora, minha senhora, isso significa que se ler *O sítio do pica-pau amarelo* seu filho vai querer virar um sabugo de milho?

---

[33] Recentemente, conheci um aluno que APRENDEU INGLÊS apenas para ler o volume 7, antes que se publicasse a tradução. Isso é ou não é gostar de ler?

É claro que os idiotas oportunistas, os espertalhões do século 21, não perderam tempo e filmaram a história. Antes do lançamento do filme, ao ver o cartaz, uma das garotinhas apaixonadas pela história olhou para o mocho no ombro do menino e me falou, revoltada:

– Mas essa não é a "minha" coruja!

O que ela quis dizer é que não era a coruja que ela havia imaginado, ou seja, a **VERDADEIRA**![34]

Aliás, a reação de qualquer pessoa que tenha lido um livro e, em seguida, assistido ao filme é declarar:

– Mas o livro é muito melhor!

É claro! Quando alguém lê o livro, monta, dentro de si, seu próprio filme, infinitamente melhor do que poderia fazer o mais genial diretor, por mais que esteja munido de efeitos especiais.

Este é o grande efeito do livro lido com prazer: despertar a imaginação. Fazer com que as pessoas criem um mundo virtual dentro de si, onde a liberdade é absoluta.

E, como dizia Einstein: "A imaginação é muito mais importante do que o conhecimento".

O que aconteceu de milagroso naquela escola em Bebedouro? Pais, professores, coordenadores e alunos tomaram consciência de que deveriam evitar o "faz de conta", que torna a instituição escola um patético teatrinho, e deveriam criar um processo educacional "pra valer"! E conseguiram.

---

34 Eu também fiquei indignado porque a coruja que havia imaginado não era branca!

Não existe educação sem motivação e não existe melhor motivação do que o prazer.

É óbvio que existem, por este Brasil afora, legiões de imbecis indignados com o fato de que Harry Potter foi escrito por uma estrangeira e não por um lusófono digno (e chatérrimo) representante do vernáculo.[35]

Ora, sou suficientemente velho para já ter ouvido essa conversa em outras ocasiões: chama-se nazifascismo. É o discurso dos extremistas, tanto de direita quanto de esquerda.

Todo nacionalismo extremado é uma forma de fanatismo, tão pernicioso quanto o fanatismo religioso ou ideológico.

Com tantos e excelentes autores, não estrangeiros, mas sim patrimônios da humanidade, por que devemos nos limitar a uns poucos chatos? Apenas porque produziram os manuscritos em português?

O único cuidado a ser tomado é o de se pagar uma remuneração decente aos tradutores, para que contratem pessoas com um excelente domínio do nosso idioma, criando, assim, textos que são exemplos do bem escrever. Vejam, por exemplo, as traduções do Millôr Fernandes.

---

35 Ao longo de uma palestra, em uma reunião de escolas, ousei dizer que, pessoalmente, não acho que Machado de Assis seja um escritor tão maravilhoso quanto é endeusado pelos professores de literatura. Pra quê?! Um dos diretores de uma das escolas quase teve um ataque apopléctico! Ora, isso não é opção intelectual: é fanatismo religioso.

Resumindo: somente se consegue um bom rendimento intelectual se houver muita habilidade em se lidar com textos. E apenas se consegue essa habilidade lendo **MUITO**. E só se consegue ler muito lendo por prazer!

Por isso, prezado pai ou mãe, sua tarefa primordial é fazer seus filhos descobrirem o prazer de ler. Uma vez descoberto esse prazer, a coisa anda por si, não se preocupem!

Por exemplo, todo mundo assistiu ao *Eu, Robô*, com Will Smith, no cinema...

... mas quantos leram *Eu, Robô*, do Isaac Asimov?

Vamos resgatar o hábito da leitura? Este recado é para as mães: vocês não acham que, se seus filhos as virem lendo um livro, em vez de estarem grudadas numa imbecil novela da TV, o bom exemplo irá ajudar?

E atentem para um detalhe muito importante: esse é um dos raríssimos casos em que a quantidade é mais importante que a qualidade.

Para um bom desenvolvimento intelectual é necessário ler muito, nem que seja *Sabrina*!

PARTE 4

A PROFILAXIA

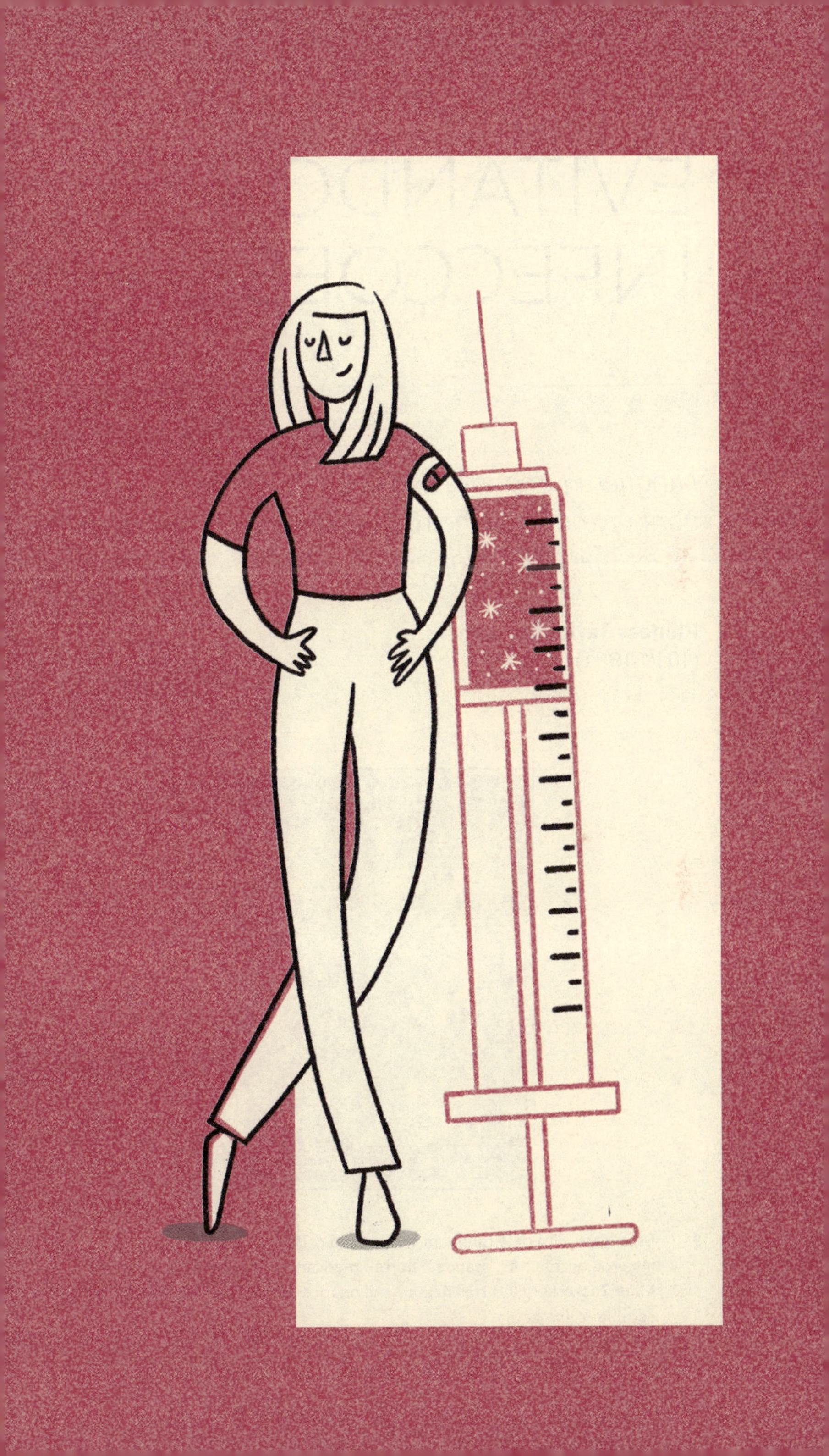

EVITANDO INFECÇÕES

Ninguém jamais deixou de ganhar muito dinheiro apostando na estupidez humana!

Phineas Taylor Barnum[1]
(1810-1891)

---

[1] Essa frase, dita pelo fundador do Barnum & Bailey Circus, com certeza inspirou outros três "grandes" norte-americanos: Bill Gates, Steve Jobs e Mark Zuckerberg. Os três ficaram milionários justamente apostando na estupidez humana!

Na segunda metade do século 20, uma indústria farmacêutica criou um remédio fantástico. De uma forma absolutamente irresponsável, somente testou os efeitos colaterais em ratos e o lançou no mercado.

O que aconteceu a seguir acabou mostrando a importância de agências reguladoras e fiscalizadoras (como a Anvisa no Brasil), de forma a impedir que desastres como esse voltem a ocorrer. Como você certamente já sabe, durante a gravidez, em especial nas primeiras semanas, o embrião é visto, pelo sistema imunológico da mãe, como um ente estranho que supostamente deveria ser rejeitado. É esse fato que gera aqueles clássicos enjoos que, muitas vezes, servem até como sintomas para se desconfiar de uma gravidez.

Pois bem: o remédio acabou com esse desconforto de uma vez por todas. Maravilha!

Uma gravidez sem náuseas! Que ótimo!

Pena que tivesse um efeito colateral: as crianças nasciam sem olhos, sem cérebro, sem pernas, sem mãos e outras aterrorizantes malformações.

O tal do remédio, que é usado até hoje, porém com finalidades completamente diferentes, é a Talidomida.

EFEITOS DA TALIDOMIDA
Veja quais efeitos colaterais a droga causa ao feto quando consumida durante a gravidez

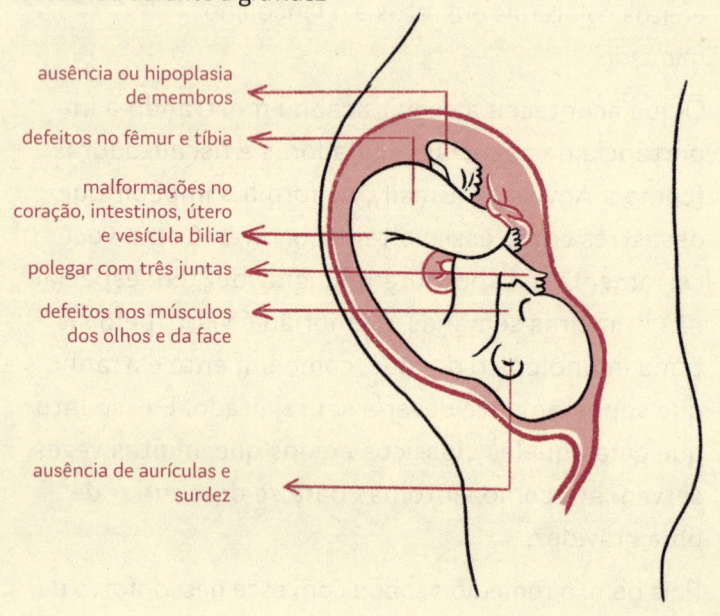

- ausência ou hipoplasia de membros
- defeitos no fêmur e tíbia
- malformações no coração, intestinos, útero e vesícula biliar
- polegar com três juntas
- defeitos nos músculos dos olhos e da face
- ausência de aurículas e surdez

Até hoje há vítimas da Talidomida que passaram a vida inteira internadas!

Pois é: em minha opinião – opinião abalizada por uma perspectiva profissional de quase meio século – a TV é a Talidomida intelectual do fim do século 20.

Ela "diverte", "instrui", "informa" e... imbeciliza da forma mais absoluta e sistemática.

Isso é intencional! A "informação", o "divertimento", a "instrução" e o "entretenimento" nada mais são

do que iscas para a verdadeira finalidade:
o consumismo!

Quanto mais embotado estiver o telespectador na hora do intervalo comercial, mais ele vai ser induzido a consumir.

Ele tem um celular 3G, mas vai se sentir desatualizado se não trocar por um 4G e, em seguida, 5G, e assim sucessivamente! As duas últimas gerações foram deformadas, intelectualmente, pelo uso contraindicado da televisão. Ela é hipnótica, gerando uma atitude extremamente passiva no espectador. E, como se esperava, atrofia por inteiro o espírito crítico e a capacidade de imaginar.

É claro! A TV oferece as imagens prontas!

Notem que, analisando sob esse ponto de vista, não interessa muito o conteúdo do programa. Eu coloco um *reality show* que tranca um bando de idiotas em uma casa e um documentário sobre as belezas do Universo no mesmo saco![2]

Além disso, seu televisor é um habilidoso ladrão de tempo. Você se programa para olhar cinco minutinhos e, quando se dá conta, já se passaram 40! Quarenta minutos jogados no lixo! Quarenta minutos de imagens e sons que dificilmente deixarão algum vestígio positivo em sua mente.

---

[2] Conheço muitos idealistas bem-intencionados que estão tentando usar a TV para o bem. E estariam conseguindo se não fossem absolutamente ignorados pelos telespectadores que preferem as banalidades aos programas realmente "inteligentes". Acredito que seja possível realizar o sonho desses idealistas, porém, mais uma vez, é indispensável alterarmos radicalmente as regras do jogo. Enquanto a TV correr atrás da audiência, nada que preste será feito com sucesso.

Digo 40 minutos, mas, no caso de muitos adolescentes, pesquisas mostraram que eles chegavam a passar até quatro horas por dia em frente à TV! Ou seja, um terço da vida acordada do cidadão desaparece nesse ralo eletrônico!

Notem que estou falando no passado porque o monstro está sendo substituído por outros muito mais insidiosos: as redes sociais e o videogame.

Como foi que eu e um monte de outras pessoas de minha geração conseguimos escapar dessa armadilha?

No meu caso, quando tinha 9 anos de idade e ainda morava na Itália (sem TV em casa[3]), aconteceu um fato que foi marcante – e decisivo – para o resto da minha vida.

Fui ao jornaleiro buscar o livro semanal de minha mãe (sim, sim, minha mãe lia um livro por semana: não havia ainda a TV para ela ficar "grudada", feito uma tonta, assistindo a novelas idiotas) quando o jornaleiro me comunicou:

– Olha, saiu uma nova coleção de livros da mesma editora. Só que, em vez de serem romances policiais como os que sua mãe gosta, são de ficção científica.

– E o que é ficção científica? – perguntei do alto de minha ignorância, extremamente justificável para uma criança de 9 anos. – É para achar o assassino no fim?

– Não, não – respondeu o jornaleiro. – É completamente diferente. Existe mistério, mas de outro tipo.

---

3   Não por falta de televisor: por falta de emissora!

Esse, por exemplo, mostra uma espaçonave que pousa em Marte e descobre um tipo insuspeitado de alienígena...

Entusiasmado pelo marketing do jornaleiro, comprei o número 1 da coleção Urania, da editora Mondadori, *Le sabbie di Marte* (As areias de Marte), de Arthur C. Clarke, o melhor autor de ficção científica de todos os tempos (desculpe-me, Isaac Asimov).

Podemos dizer que a coleção Urania começou com o pé direito.

No que me diz respeito, comecei a ler o livro e não consegui parar! Varei a madrugada e desconfio que cheguei a ficar um pouco febril pela emoção.

Emoção indescritível, aquela que faz exclamar: "Puxa! Não sabia que pudesse existir uma coisa tão gostosa!".

É claro que, na semana seguinte, comprei o número 2, depois o 3, o 4...

Bem, para encurtar a história, continuo lendo os romances publicados nessa coleção (li e tenho quase todos) e, no momento em que estou escrevendo estas palavras, acabei de ler o número 1.602.[4]

Ora, ninguém lê quase 1.600 romances se não for por puro prazer; prazer que traz um fantástico efeito colateral: no ano em que prestei o vestibular para a USP, a nota de redação mais alta de **TODA A UNIVERSIDADE** foi a minha! E é claro que isso não me custou o menor esforço: quem lê muito não precisa de "aula de redação"![5]

Foi o que me salvou. Se tenho um bom livro a ser terminado (não necessariamente de FC) e um atraente programa de TV ao qual assistir, é claro que mergulho no livro!

E isso acontece com a esmagadora maioria das pessoas que não teve TV na infância ou a teve em dose extremamente controlada (como tentei fazer com meus filhos).

Tudo isso sem entrar na discussão do conteúdo. Se formos olhar por esse ângulo, a coisa fica muito, muito pior.

---

4   Quando publiquei a 1ª edição deste livro, ainda estava no volume 1.529!

5   Outro equívoco de nosso Sistema Educacional: a aula de redação tenta consertar, tarde demais, algo que foi estragado pelas erradas aulas de literatura!

A erotização precoce a que a TV induz, por exemplo, criou uma geração de incompetentes sexuais e vai acabar criando outras mais se as coisas continuarem assim.

A violência exasperada que assola a telinha, entretanto, faz com que as pessoas sejam induzidas a "rambices" estabanadas.

Na TV, a cadeira que o mocinho quebra na cabeça do bandido foi pré-serrada, de forma a se desmanchar sem causar danos. A cadeira com que o adolescente imitador espanca seu desafeto em briga de danceteria não se desmancha: mata!

E, induzidos por essa cultura de violência, os pais colocam os filhos em alguma das inúmeras academias de artes marciais, pois "assim ele aprende a se defender".

Sem falar, aqui, nas manipulações econômicas e políticas.

Se os donos das principais redes de TV do Brasil, de comum acordo com os principais bancos, decidirem que um fantoche qualquer será o próximo presidente da República, com toda certeza o escolhido assumirá o cargo com esmagadora vitória nas urnas![6]

Isso é democracia?

Foi por isso que os brasileiros em massa saíram às ruas pedindo a redemocratização do país?

---

6   No momento em que estou escrevendo estas linhas fui informado de que o governo brasileiro paga, anualmente, de juros aos bancos privados o DOBRO do que investe em educação!

Se formos olhar o lado cultural, então, a coisa fica desesperadora.

Se você assiste à TV, por exemplo, fica sabendo que, numa órbita a uns 300 km de altura, não existe mais gravidade!

Nessa Isaac Newton tem convulsões em seu túmulo na Abadia de Westminster.

Ou, então, descobre que o boto da Amazônia e o peixe-boi não são mais mamíferos, mas, segundo a produção do *Show do Milhão*, são peixes!

E, ainda, segundo os mesmos produtores, quem nasce em Buenos Aires não nasce na Argentina, o cloreto de sódio é um elemento químico e o gás que ocorre em maior porcentagem na atmosfera terrestre é o oxigênio!

É a ditadura dos burros! E ninguém reclama, pois um idiota, no meio de idiotas, pensa que é normal!

E sabe qual o controle que você tem sobre tudo isso? Nenhum!

Hoje há uma TV em cada aposento da casa. Até mesmo nas favelas as pessoas preferem se alimentar mal para poder ter, no mínimo, uma parabólica sobre o teto.

A TV invadiu nossa privacidade. Seu filho, na intimidade de seu quarto, pode assistir, na calada da noite, ao programa que bem entender.

Será que poderemos controlar esse fenômeno?

Claro que não! Os próprios pais já são os resultados da imbecilização televisiva. Uma geração de vidiotas apenas pode ter filhos vidiotas. E a coisa tende a piorar.

As raras e heroicas tentativas que algumas TVs educativas fazem para transformar a programação televisiva em um instrumento de crescimentos cultural e intelectual são ignoradas pela esmagadora maioria do público.

Além da TV, temos o videogame.

Existem videogames inteligentes? Claro! Para passar de uma fase a outra o jogador deve matar uma charada e não uma pessóa. Mas, assim como o que acontece com a TV, o uso inteligente é preterido em benefício de um hipnótico derramamento de sangue. Tão hipnótico que, em algumas escolas, está acontecendo um fenômeno estranhíssimo, qual seja, crianças e jovens que vão se queixar com a coordenação de que um colega "cheira mal"!

É que o "gambá" fica tão alucinado para passar para a fase seguinte da matança que se esquece de tomar banho!

Será que existe algo ainda mais imbecilizante do que a TV e o VG?

Claro! Como dizia aquele famoso sábio brasileiro: "Nada é tão ruim que não possa piorar!". Quer saber do que se trata?

A internet e as redes sociais!

Como já disse, existem clínicas de desintoxicação da internet! Tire o Facebook e o Twitter (ou alguma outra praga parecida) do cidadão e ele apresentará a mesma síndrome de abstinência que teria se fosse dependente químico!

O Ambulatório de Múltiplos Transtornos do Impulso, em São Paulo, vinculado ao Instituto de Psiquiatria do Hospital das Clínicas, oferece apoio psicológico e psiquiátrico gratuito a crianças e adolescentes dependentes de internet.

Pesquisas sérias mostram que o abuso da TV, do videogame e das redes sociais reduz o nível intelectual do jovem muito mais do que se ele fumasse maconha.

Na ilusão de que o computador poderia ser um elemento de desenvolvimento intelectual de seu filhinho (ilusão causada por propagandas altamente enganosas), os pais colocaram o computador **NO QUARTO DO FILHO**!

Aí o pimpolho fica até as 3 horas da madrugada conversando, via chat, com dez pessoas ao mesmo tempo (uma das quais pode ser até um pedófilo jogando o anzol) sobre dez assuntos diferentes. A mente dele se fragmenta em inúmeros centros de atenção (e os pais acham "engraçadinho" ver uma criança fazer a lição de casa com o som, a TV e o computador ligados: "Nossa! Como as crianças de hoje em dia são espertas!").

Tire a TV e o computador do quarto de seu filho.⁷ Estabeleça horários para fazer a lição de casa.

Faça com que ele se alimente corretamente nas horas certas. Faça com que ele durma pelo menos oito horas por noite. Dê a ele um celular que faça ligações telefônicas e não tenha, repito, não tenha acesso à internet.

Evite fontes de distração. Imponha **LIMITES**!

---

7   Muitos pais realmente tiraram o computador do quarto do filho e COLOCARAM NO BOLSO DELE! Só a extrema ignorância a respeito dos malefícios que a internet mal utilizada ocasiona na criança e no jovem explica esse absurdo!

ENTRE O TÉDIO E O PÂNICO

The secret of education lies in respecting the pupil.[8]

Ralph Waldo Emerson
(1803-1882)

No primeiro volume desta coleção mostrei aos alunos os cinco passos para se tornar cada vez mais inteligente.

Resumindo, os cinco passos são:

1. Acreditar que é possível aprender inteligência, o que será discutido com mais detalhes no próximo capítulo.
2. Evitar drogas legais, ilegais e eletrônicas.
3. Estudar pouco, mas todo dia.
4. Ler muito.
5. Encarar desafios.

---

8   O segredo da educação reside em respeitar o estudante.

Com relação a esse último item, existe um trabalho extremamente interessante de um psicólogo de origem croata: Mihály Csíkszentmihályi.

Em seu livro *FLOW – A psicologia do alto desempenho e da felicidade*, ele discute a relação existente entre desafio e habilidades. Obviamente, por ser um psicólogo da velha guarda, ele utiliza o termo "habilidade" (*skill*) no lugar do que os neurocientistas usariam hoje em dia: **INTELIGÊNCIA**.

O gráfico básico por ele apresentado, no livro original, relaciona o desafio com o crescimento das habilidades de uma forma extremamente didática:

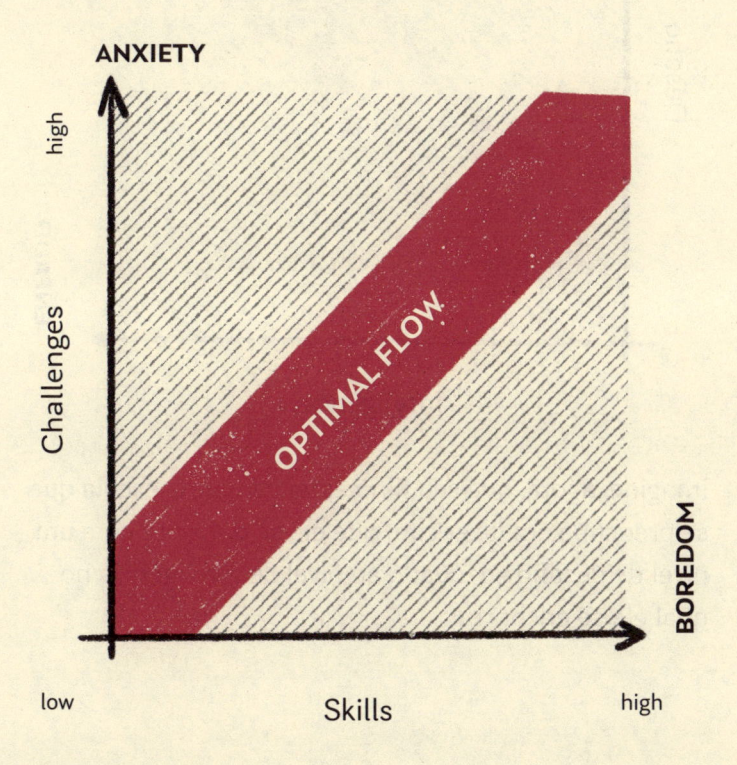

Vamos, agora, traduzir e analisar o gráfico sob a óptica de sua aplicação ao sistema escolar.

A faixa cinza, que Mihály chama "Optimal Flow", corresponde ao que poderíamos denominar "Faixa do Bem-Estar".

ANSIEDADE

Desafio

FAIXA DO BEM-ESTAR

ENFADO

Inteligência

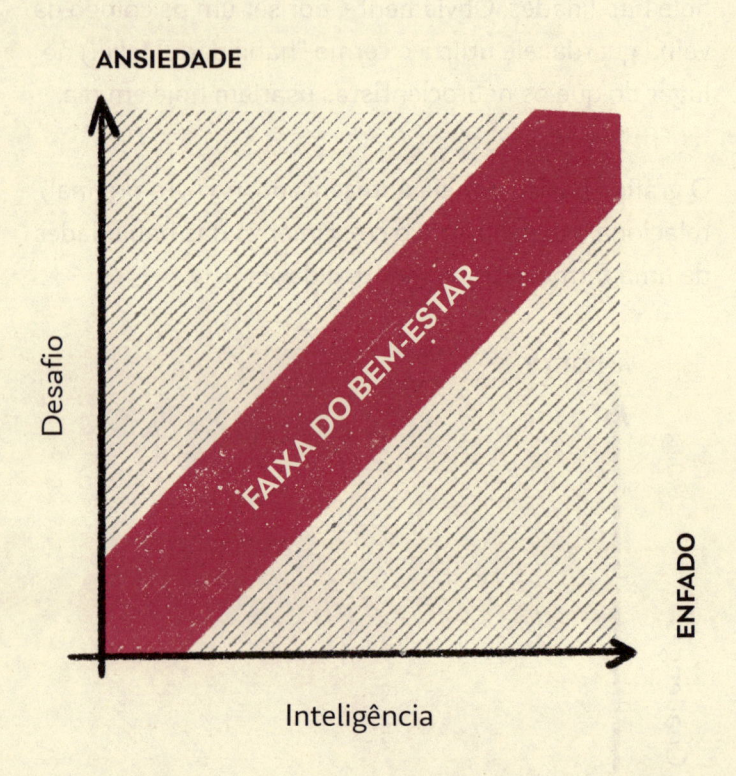

Imagine, agora, que seu filho esteja em uma escola que se preocupa em fazer com que ele se defronte com um nível de desafio adequado ao nível de inteligência no qual ele se encontra:

ANSIEDADE

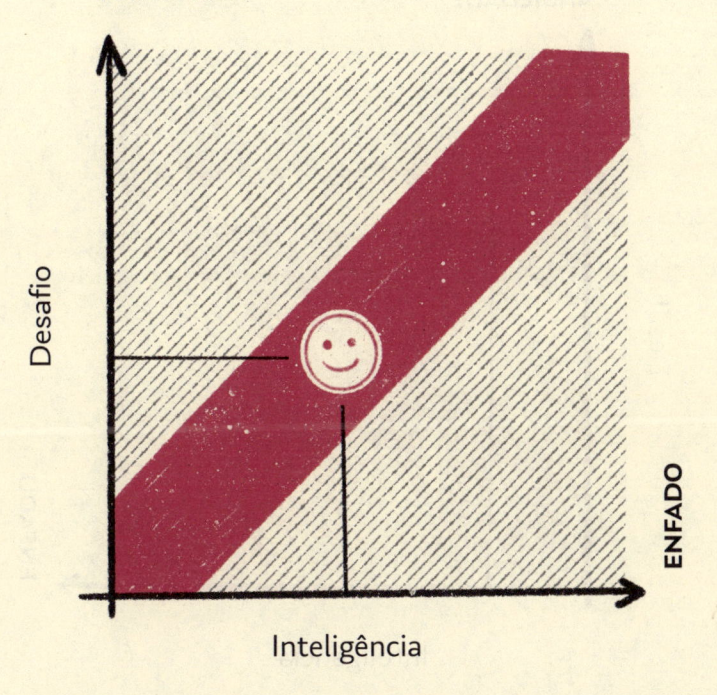

Desafio / **ENFADO** / Inteligência

Maravilha! Seu pimpolho está recebendo, por parte da escola, a justa medida do desafio que está a seu alcance!

Parece bom, não parece? Aguarde!

Digamos, agora, que você seja um daqueles pais neuróticos que, de tanto enfrentar os desafios que seu trabalho impõe, resolve colocar seu filho em uma escola "Forte".

Aliás, "Mais Forte". Melhor dizendo… "Fortíssima"! O que você vai conseguir, com certeza?

Um nível de desafio absurdo, tão desmedido, que seu filho ficará completamente desorientado, ansioso e paralisado intelectualmente:

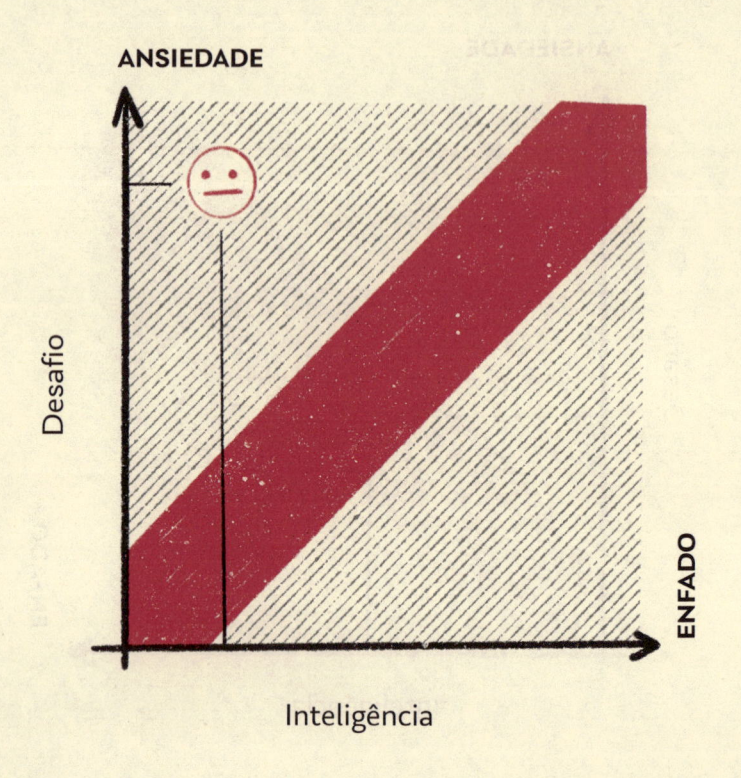

Gráfico: eixo vertical "ANSIEDADE" / "Desafio"; eixo horizontal "Inteligência" / "ENFADO".

Estamos falando de escolas que são verdadeiros antros de tortura e que só sobrevivem graças à neurose (ou ignorância) dos pais, que se permitem colocar um filho em um lugar assim!

Como reconhecê-las? Fácil!

Dê uma volta pelo bairro no qual a escola está instalada: se você vir muitas placas de "AULAS PARTICULARES", não deixe seu filho na mão desses verdadeiros criminosos!

Uma vez, um colega meu, também professor de Física, foi abordado no elevador do prédio onde morava por um menino que timidamente perguntou:

– O senhor é professor de Física, não é?

Ao receber uma resposta afirmativa, o menino continuou:

– O senhor dá aulas particulares?

Meu amigo respondeu que não, mas que se pudesse ajudá-lo bastava lhe dizer qual era o problema.

O menino, que estava matriculado numa dessas escolas, tão absurdas que faziam com que muitos alunos tivessem dor de barriga só de pensar nas provas, disse que não estava conseguindo entender a história das mudanças de marcação em uma balança no elevador.

Com muita paciência, meu colega explicou que não se tratava de uma balança, mas sim de um dinamômetro, e pediu ao menino que buscasse uma impropriamente chamada "balança de banheiro". Passou uma meia hora com ele, dentro do elevador, mostrando, com a "balança", na prática, que uma coisa era o elevador subir ou descer e outra coisa, bem diferente, era o elevador acelerar para cima ou para baixo.

Resumindo: a segunda nota mais alta da classe na prova de Física foi um 4. A primeira, tirada pelo menino que tivera a aula no elevador, foi um redondo e retumbante 10!

Mas a história não termina aí.

Alguns dias depois, o professor recebeu um telefonema da tal escola "fortíssima", por parte da orientadora, pedindo licença para colocá-lo no "plantel" de professores particulares que orbitavam em torno da instituição, em face do excelente resultado que havia obtido com seu pequeno vizinho.

Indignado, meu amigo respondeu:

– Minha senhora, se a escola estivesse me ligando para me contratar devido à minha competência, assim mesmo eu responderia que não, porque estou muito satisfeito com meu atual emprego. Agora... me telefonar para que eu seja professor particular de suas vítimas é a declaração descarada de sua incompetência como instituição de ensino. Tome vergonha na cara e passe bem!

Não preciso dizer que, ao saber da história, me senti muito orgulhoso por ter um amigo assim!

Mas... de quem é a culpa? Não é da escola. A culpa é dos pais desorientados e/ou neuróticos que se permitem matricular seus filhos em uma escola tão ineficiente.

O que acontece é que os sobreviventes desse sistema são crianças e jovens tão inteligentes que, apesar da escola, e não graças a ela, obtêm ótimos resultados nos vestibulares e no Enem.

Ingenuamente, os pais acham que o resultado se deve ao fato de a escola ser "exigente" e cometem a besteira de matricular seus filhos em uma instituição que tem, justamente, um nível de exigência muito acima de seu nível de competência!

Entretanto, em contraposição a esse tipo de escola, que chamo de "diarreia pedagógica", pois esse é o efeito que causa nas pobres crianças, existe a escola onde "o importante é ser feliz".

É aquilo que vou denominar Escola da tia Maricota, com mil festinhas, mil apresentações de dança ou do coral por ocasião da reunião de pais, muito estardalhaço e poucos desafios.

No gráfico do nosso amigo Mihály o que será que isso ocasiona?

TÉDIO, DESÂNIMO, PREGUIÇA MENTAL!

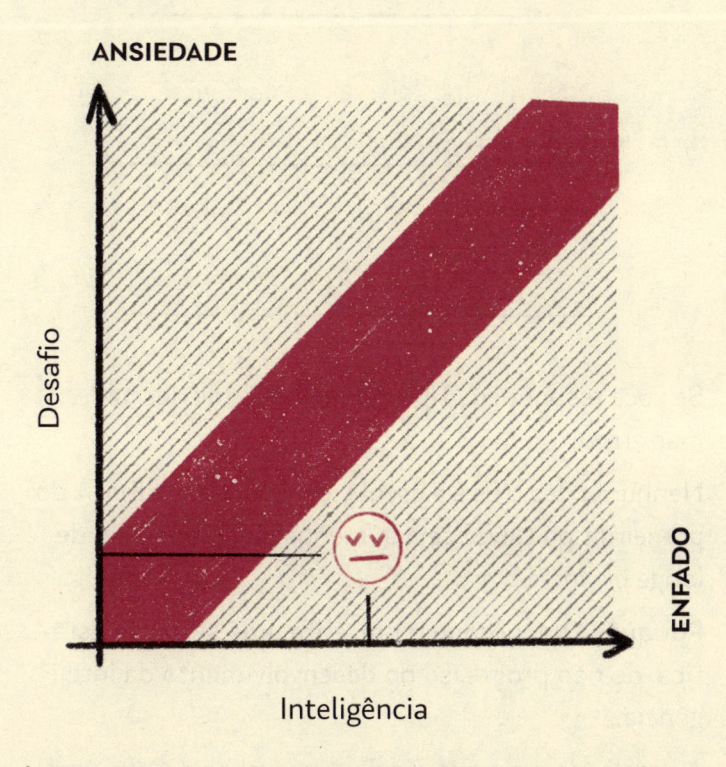

É claro que os eventuais bons resultados que esse tipo de escola venha a obter, tanto nos vestibulares quanto em qualquer outro tipo de auditoria externa, se devem, exclusivamente, à excepcionalidade de alguns alunos e não à qualidade de ensino.

Agora, surge a pergunta que vale 1 milhão! Qual das três escolas que apresentei é a ideal?

- :) Tipo equilibrado
- :| Tipo "diarreia pedagógica"
- Tipo tia "Maricota"

Se você respondeu "Tipo equilibrado", me desculpe, mas errou!

Nenhuma das três é a escola ideal para seu filho. A do primeiro tipo talvez seja a "menos pior", mas nem de longe é a ideal.

Por quê? Ora, porque representa uma situação estática, de não progresso no desenvolvimento da inteligência.

A escola ideal é a que regula seu nível de desafio ligeiramente acima da situação de conforto do aluno.

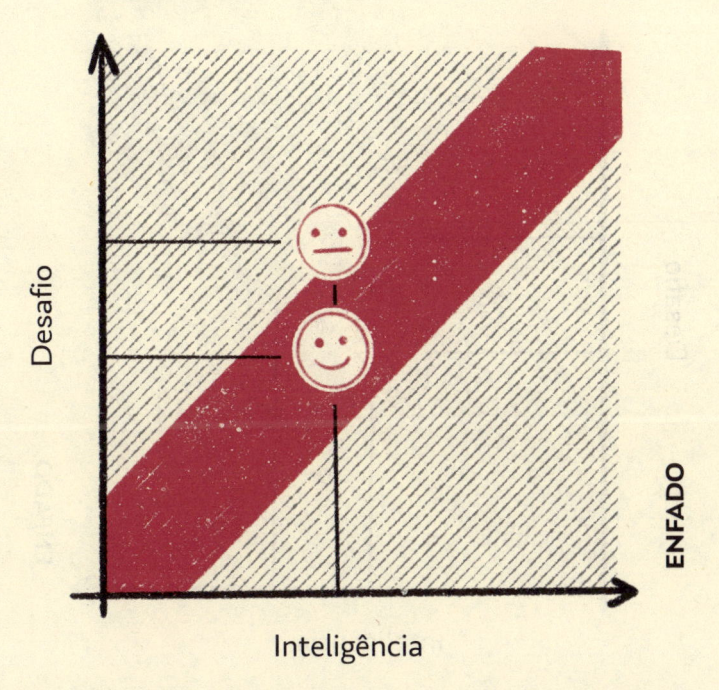

Ao migrar para cima, na direção do desafio, ele acaba evoluindo para a direita no eixo da inteligência para buscar, novamente, a situação de conforto. Agora, porém, em um nível mais elevado.

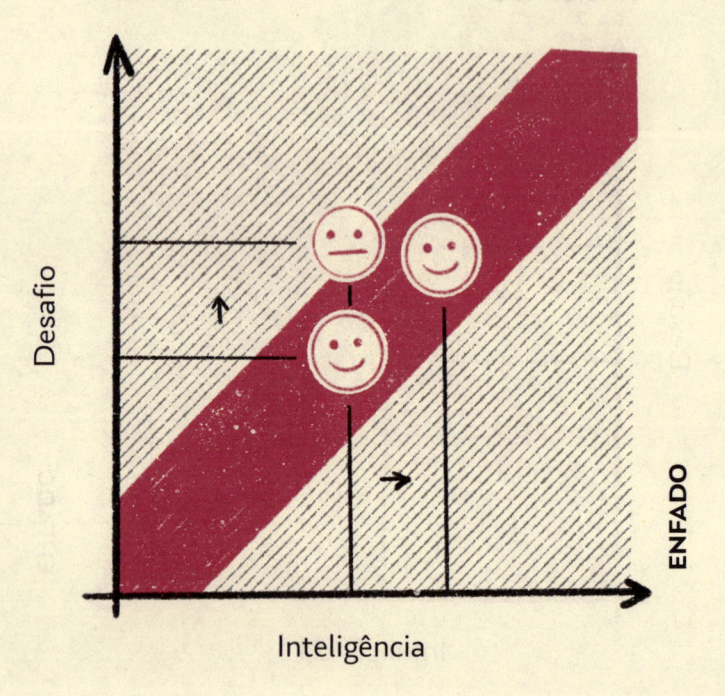

Em outras palavras: papai e mamãe, seu filho ficou...
MAIS INTELIGENTE!

E, se a escola insistir com essa técnica, o progresso não terá limites.

ANSIEDADE / Desafio / Inteligência / **ENFADO**

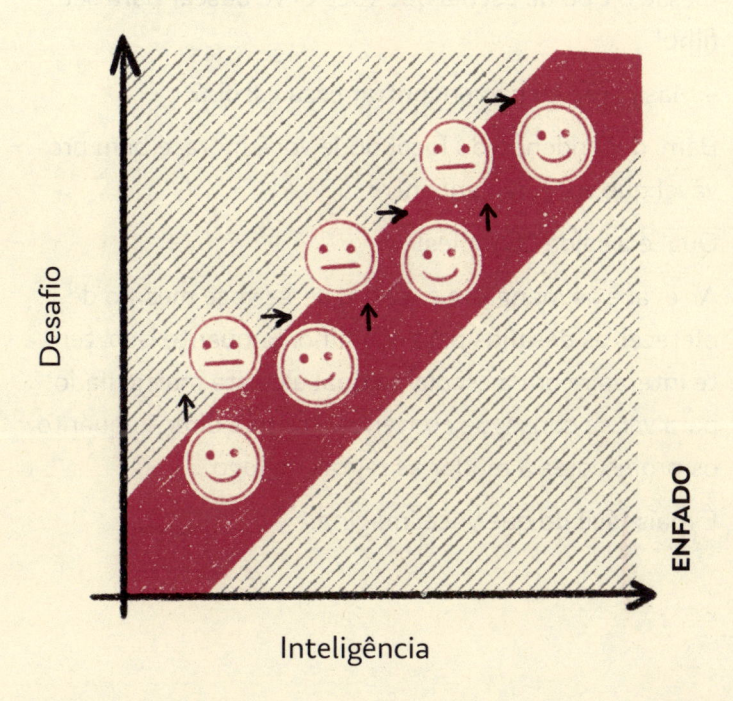

Uma vez que, no início deste livro, falamos em alterar as regras do jogo, é bom saber que nesse jogo a regra é tentar nunca sair da faixa do bem-estar.

Por um lado, a escola não pode gerar ansiedade (ou até verdadeiro terror, como ocorre em algumas "escolas" que conheço); mas, por outro lado, não pode virar uma mera formalidade, um ambiente ao qual a criança vai para "socializar".

A verdadeira função de uma escola é tornar seus alunos cidadãos capazes, éticos, solidários e **INTELIGENTES**.

É esse o tipo de escola que você deve buscar para seu filho!

– Mas... e se eu não encontrar essa escola?

Bem, dependendo do local onde você mora, é bem provável que você não encontre.

Qual é a saída? Simples!

Arregace as mangas e encarregue-se você mesmo de oferecer os desafios para seu filho. Enquanto isso, tente interagir com a escola na qual ele está matriculado para ver se consegue convencer tanto a direção quanto os professores a mudar as regras do jogo.

É mais fácil do que você imagina![9]

---

9   Empreste este livro para eles lerem. Muitos pais já fizeram isso e funcionou!

O RESGATE DO PROFESSOR

The whole purpose of education is to turn mirrors into windows.[10]

Sydney J. Harris
(1917–1986)

De repente, no meio de uma aula, uma mão se levanta:

– Professor, o senhor só dá aula ou também trabalha?

Caro leitor, por favor, releia a pergunta e pare um pouco de ler este livro para pensar a respeito.

Pois é! Percebeu quanta coisa existe por trás dessa pergunta? E, observe bem: ela não é ofensiva. Ao contrário.

Inconscientemente é até um elogio.

---

10   O objetivo primordial da educação é o de transformar espelhos em janelas.

No fundo, o que o aluno quis dizer foi: "Professor, o senhor me parece uma pessoa tão inteligente, tão competente e... só dá aula?".

Ora, uma pergunta dessas é um sintoma sutil, mas extremamente significativo, da gravidade da doença que assola nosso sistema educacional.

A esta altura do livro, entretanto, você já deve ter percebido que o que está doente não é só o sistema educacional... mas também a sociedade como um todo.

Os equívocos cometidos pela maioria das famílias e das escolas brasileiras não são pedagógicos. São culturais.

– Mas o que é um equívoco cultural? – você perguntará.

A resposta é simples.

É um equívoco cometido de um modo tão rotineiro, e tão disseminado, que faz com que simplesmente não seja reconhecido como tal.

Por exemplo: o endeusamento de Monteiro Lobato como um "grande autor" de literatura infantil é o típico exemplo de equívoco cultural.

No meio dessa distorção cultural que estamos vivendo, uma das coisas mais graves e que mais influem na degradação escolar é o crescente desprestígio dos professores.

Antigamente, o professor era alguém respeitadíssimo, que ocupava um lugar importante na sociedade.[11]

---

11   E, nos países de Primeiro Mundo... AINDA É! Na Finlândia perguntei a uma classe o que queriam ser quando crescessem e a resposta quase unânime foi: "Professor"!

Era comum, por exemplo, que na composição da mesa de autoridades em alguma cidade do interior, além do prefeito, do médico, do juiz e do farmacêutico, fosse chamada a professora primária.

E esse prestígio não se limitava a uma simples questão de protocolo.

Uma professora primária concursada tinha um nível de remuneração igual ao de um juiz de direito recém-nomeado![12]

A coisa, porém, foi se modificando e os valores foram sendo alterados.

Há muito tempo, prefaciando um livro pioneiro de informática escolar, usei uma analogia que gostaria de reproduzir aqui, de forma resumida.

Imagine um camponês que tenha semeado uma gleba de terra com feijão.

Por ocasião da colheita, ele percebe que metade da safra é de excelente qualidade, cotada a um preço muito compensador no mercado. A outra metade, porém, de qualidade inferior, será vendida a um preço muito menor.

Se ele for ganancioso e imediatista, venderá toda a fração de excelente qualidade, otimizando, assim, seu lucro, e reservará uma parte do feijão de qualidade inferior como semente para a próxima safra.

---

[12] Existia até a figura do "chupim", um rapaz bem-apessoado que seduzia a professorinha e casava-se com ela para nunca mais na vida precisar trabalhar!

É fácil perceber que, ano após ano, essa política produzirá safras cada vez mais degradadas.

Nessa analogia você, meu caro leitor, já percebeu que a gleba é a escola e quem fica para semente, produzindo a próxima geração de alunos, são os **PROFESSORES**.

Antigamente, o professor era admirado e imitado. Muitos alunos acabavam escolhendo a carreira do magistério inspirados pela admiração e respeito que sentiram, em algum momento, por um dos seus mestres.

Hoje, estamos à beira de um "apagão" educacional! Se as coisas continuarem como estão, dentro de poucos anos teremos um déficit catastrófico de professores, principalmente na área de exatas.

O professor, atualmente, é um profissional desprestigiado, muito mal remunerado e que foi totalmente destituído de autoridade por regras imbecis elaboradas por tias Maricotas que jamais pisaram em uma sala de aula e nunca seguraram um pedaço de giz na mão! E isso tudo com a péssima contribuição das famílias.

No passado, o pai entregava o aluno à professora com a recomendação:

– Professora, se ele não se comportar direitinho, por favor, me avise que eu dou um jeito nele!

Hoje, pelo contrário, as famílias **PROCESSAM** o professor por ter exigido melhora no comportamento do aluno e, o que é pior, ouvem apenas a versão do pequeno delinquente!

Seus filhos, querido pai, estão em uma canoa que vem sendo arrastada para o abismo por uma forte correnteza, que é representada pelos péssimos exemplos da TV, pela parafernália eletrônica e pelas más companhias.

No fundo desse abismo estão as drogas, a marginalidade, a prostituição, o desemprego... o desespero!

Como impedir que isso aconteça?

Em primeiro lugar, tendo a coragem de remar contra a corrente.

– Mãe, você é "sem noção"! Todas as mães das minhas amigas deixaram!

Nesse momento, você deve ter a coragem de remar na contramão:

– Eu não sou a mãe das suas amigas; eu sou **SUA** mãe e meu papel é cuidar de você, não das suas amigas!

Se a família e a escola, **JUNTAS**, remarem contra a correnteza, o abismo ficará cada vez mais distante. Se apenas um dos dois remar, a coisa vai se tornar cada vez mais difícil.

Porém, o que tenho observado, infelizmente, é que a escola tenta afastar o aluno do abismo e muitos pais, repito, **MUITOS**, remam **CONTRA A ESCOLA**!

Portanto, ou você começa a interagir mais com a escola, ajudando-a e não a atrapalhando, ou o futuro de seu filho estará em perigo, e essa não é uma força de expressão.

Como colaborar?

Vamos lá, vejamos a listinha:

1. Vá às reuniões! São chatas? Diga isso para o pessoal da escola. Já é uma forma de colaboração. Não discuta casos particulares nas reuniões, pois eles apenas interessam a você. Não monopolize a palavra, incentive todo mundo a comparecer e a participar.

2. Se seu filho está em uma escola particular, pare de implicar com o número de alunos na sala. É melhor ter 50 alunos em uma sala tendo aula com professores competentes e **BEM REMUNERADOS** do que 15 alunos tendo aula com um pobre coitado que é obrigado a dar aula em cinco escolas diferentes para conseguir fechar as contas no fim do mês. É claro que estamos pressupondo que os 50 alunos sejam educados e que o professor tenha recebido autoridade suficiente para manter a disciplina.

3. Nunca, repito, **NUNCA** fale mal da escola ou de um professor na frente de seu filho. Se houver motivo de atrito, não deixe seu filho saber disso. Converse com a direção da escola e **SEMPRE OUÇA A OUTRA VERSÃO**.

4. Nos hotéis e restaurantes existe a norma: "O cliente tem sempre razão". Use essa norma, **MAS NÃO A SEU FAVOR**! O correto é: "O professor tem sempre razão" – mesmo que não tenha –, pelo menos na frente de seu filho.

5. Nunca use o argumento "**EU PAGO**". Isso é coisa de imbecil!

6. Se houver um elemento perturbador na sala de seu filho, converse com outros pais que se sentirem incomodados e, depois, cubram uma atitude da escola. Em minhas andanças, ouvi uma criança recém-chegada avisar a todo mundo que era "hiperativo", fazendo do laudo uma espécie de alvará para poder aprontar.

É claro que existem mil outras regrinhas, mas essas outras você pode, em conjunto com a escola e com as outras famílias, ir descobrindo pelo caminho.

O que deve nortear a todos, em resumo, é:

RESGATAR O PRESTÍGIO E O RESPEITO PELO MESTRE!

PARTE 5

CONVALESCENDO

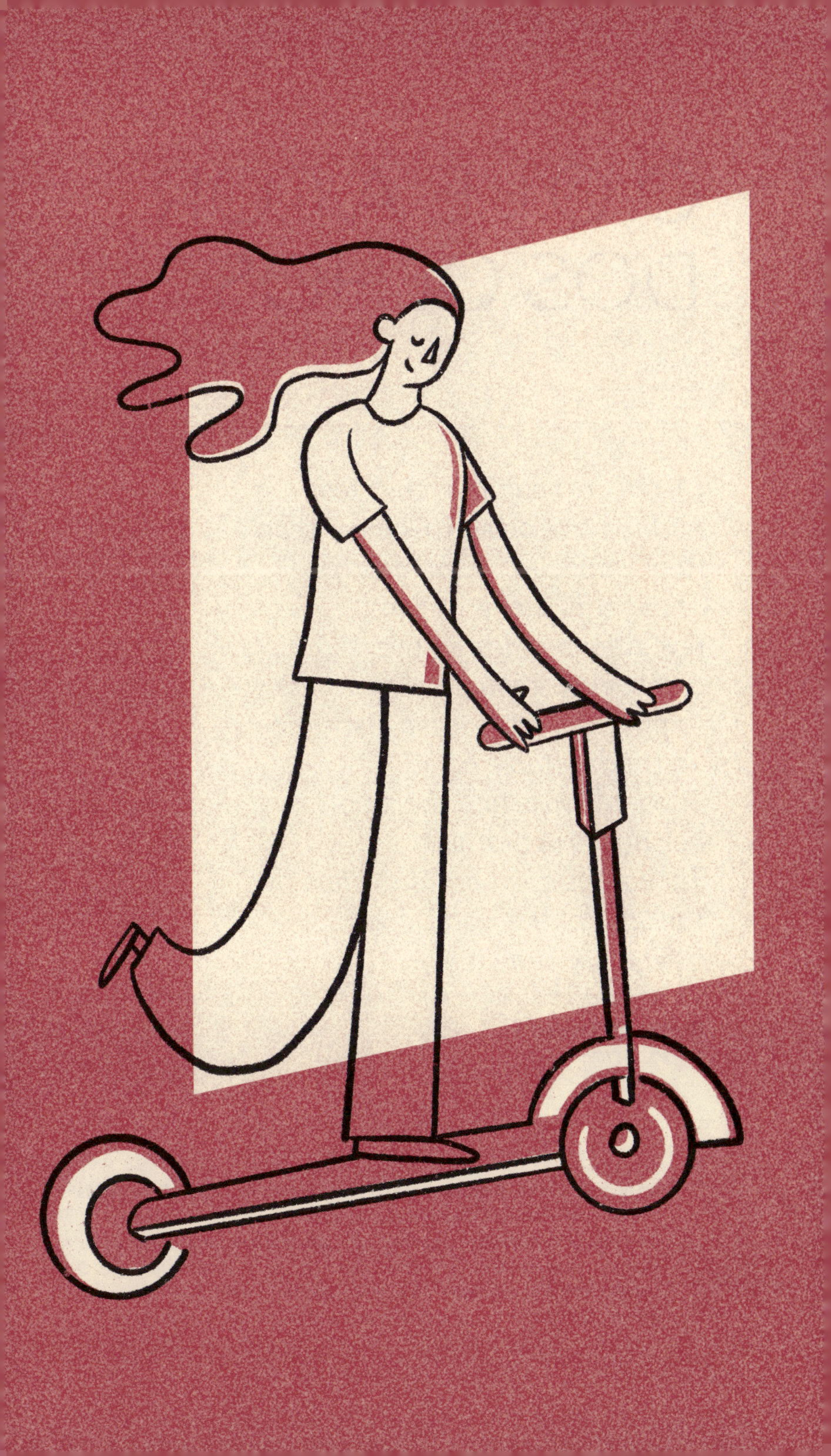

O Q.I. E A COR DOS OLHOS

Men fear thought as they fear nothing else on earth – more than ruin – more even than death... Thought is subversive and revolutionary, destructive and terrible, thought is merciless to privilege, established institutions, and comfortable habit.
Thought looks into the pit of hell and is not afraid.
Thought is great and swift and free, the light of the world, and the chief glory of man.[1]

Bertrand Russell
(1872-1970)

---

[1] Os homens temem o pensamento como nada mais na face da Terra – mais que a ruína – mais, até, do que a morte... O pensamento é subversivo e revolucionário, destrutivo e terrível, o pensamento é impiedoso com o privilégio, com as instituições estabelecidas e com os hábitos confortáveis. O pensamento olha no abismo do inferno e não tem medo. O pensamento é grande, rápido e livre; é a luz do mundo e a principal glória do homem.

Há uma coisa que deve ficar bem clara na cabeça de todos os pais e professores: a inteligência não é uma característica genética fixa como a cor dos olhos, a altura ou, ainda, a coleção de alergias herdada dos ancestrais. A inteligência de uma pessoa é variável e pode ser moldada pelo meio ambiente.

Se medirmos o Q.I. de seu filho e encontrarmos o valor 127 (o médio é 100), seria um erro declararmos que "seu filho tem um Q.I. 127".

O correto será dizer que "seu filho está com um Q.I. 127"!

Esse valor poderá aumentar ou diminuir com o passar do tempo.

Durante muitos anos, a Psicologia da velha guarda discutiu exaustivamente a influência da hereditariedade e do meio ambiente no nível de inteligência de um ser humano.

Gêmeos univitelinos (supostamente, pois, com o mesmo patrimônio genético), adotados por famílias diferentes e criados em meios completamente diferentes, tanto no que diz respeito ao nível socioeconômico quanto ao cultural, quando submetidos a testes de Q.I. na vida adulta apresentaram resultados similares.

Isso quase foi considerado a evidência definitiva de que o nível de inteligência de um indivíduo era fruto quase exclusivo de seu patrimônio genético. Desconfio, inclusive, de que a tendência de aceitar essa afirmação sem questioná-la tenha, até, certo fundo ideológico (e racista).

Além de o estudo ter sido realizado com critérios científicos discutíveis (há polêmica até hoje), gostaria de citar um exemplo que derruba a "tese dos gêmeos".

Há uns 30 anos, um estranho processo judicial, movido pela Associação dos Astrólogos Franceses contra uma revista de divulgação científica que "ousou" afirmar que Astrologia era uma pseudociência, gerou uma pesquisa realizada com milhares de franceses tentando determinar se o signo zodiacal era realmente determinante em algumas características de uma pessoa.

É óbvio que ficou mais do que demonstrado que o signo não era absolutamente determinante de coisa alguma, a não ser por uma surpreendente característica: os nascidos em Capricórnio, Aquário e Peixes apresentavam, estatisticamente, um nível de inteligência, medido por testes de Q.I., acima dos outros signos.

A explicação foi encontrada: os que nascem sob esses signos, na França, nascem no inverno. No inverno, o frio desestimula os pais a saírem de casa e, consequentemente, eles acabam passando mais tempo com o bebê.

Mais carinho, mais estímulos, mais presença dos pais, mesmo nas primeiras semanas de vida, são fatores determinantes para um maior desenvolvimento intelectual.

Como esse maior desenvolvimento pode se dar de forma muito precoce, isso gerou, junto à Psicologia "oficial", a falsa constatação de que o nível de inteligência é como a cor dos olhos, ou seja, é de nascença.

Os gêmeos, adotados por famílias diferentes, estiveram no mesmo útero e passaram as primeiras semanas, ou até meses ou anos, juntos **NO MESMO AMBIENTE**.

Estudos sérios e recentes, na área da neurociência, ao contrário, evidenciaram que, na verdade, existe um componente genético, mas que o fator ambiental é muito mais significativo no desenvolvimento da **INTELIGÊNCIA**, do **TALENTO** e da **VOCAÇÃO**!

É claro que existe alguma influência hereditária no nível inicial da inteligência de uma criança, mas apenas nesse nível **INICIAL**!

Um fenômeno estranho, mas até certo ponto compreensível, é o fato de que valores iniciais baixos de Q.I. tendem a permanecer baixos ou até a diminuir. Isso não significa que não possam aumentar muito; mas, para isso, há necessidade de uma intervenção educacional externa bem orquestrada.

Por outro lado, valores inicialmente altos têm a tendência a aumentar espontaneamente. Esse aumento, porém, poderá ser bloqueado.[2]

É um processo autoalimentado. Valores iniciais baixos estão associados a preguiça mental, falta de curiosidade intelectual, apatia e busca da diversão fácil.

Se não houver uma intervenção por parte da família e da escola, o nível de inteligência dessa criança tenderá a se manter baixo ou, até mesmo, a diminuir.

---

2   Por uma desconexa exposição à TV, por exemplo.

Valores inicialmente elevados geram curiosidade intelectual, prazer pelo desafio e autoconfiança, e tudo isso pode implicar um aumento progressivo, uma verdadeira escalada no caminho do Mihály.

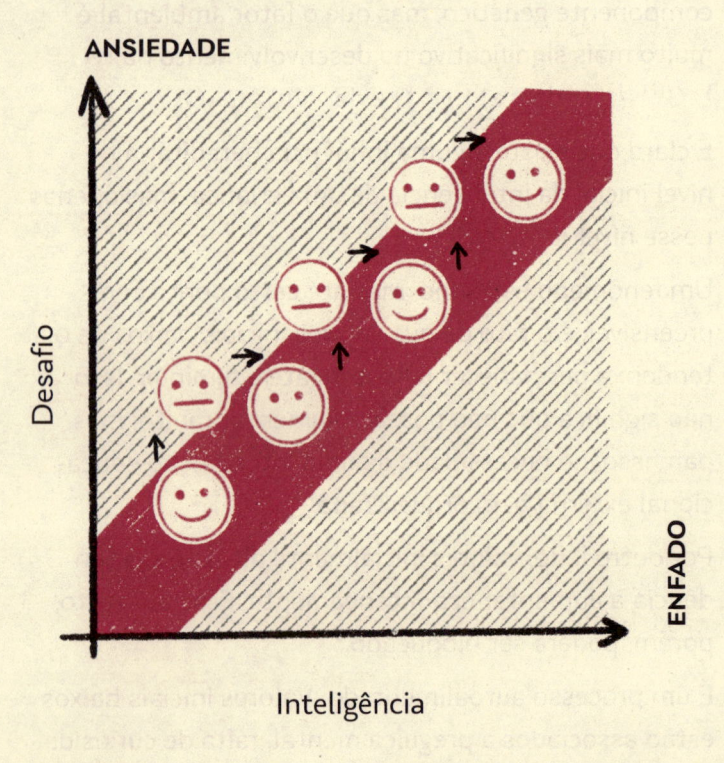

ANSIEDADE

Desafio

ENFADO

Inteligência

A verdadeira missão da instituição escola, portanto, deveria ser a de desenvolver ao máximo a inteligência das crianças e dos jovens.

Mas isso somente pode ocorrer com a ajuda da família. Para o caso de valores iniciais de inteligência abaixo do desejado, a nova regra do jogo é não se acomodar!

Chega desse papo "meu filhinho, coitadinho, tem dificuldade de aprendizagem!".

Em primeiro lugar, o "coitadinho" ouve esses comentários e assume, até inconscientemente, o papel de "coitadinho".

Em segundo lugar, devemos estimulá-lo adequada e suavemente para que seu desempenho vá melhorando, dando o máximo reforço positivo a cada progresso feito.

E, principalmente, **NUNCA PARAR**!

O crescimento intelectual não tem limites. Em alguns casos pode ser mais lento, em outros bastante rápido, mas não existe um ponto de parada.

No entanto, se a criança tiver um nível inicial de inteligência acima da média, isso também não é motivo de acomodação.

Já ouvi mães pronunciarem absurdos do tipo: "Meu filho é tão inteligente que não precisa nem estudar em casa. Basta prestar bastante atenção na aula e nas provas que só tira 10!".

Que absurdo! Que desperdício!

Por acaso seu filho está na escola para tirar 10?

Será que a senhora não percebe que esse sistema, em vez de criar um desafio que o faça subir na escalada do Mihály, está sendo um freio, um incentivo à acomodação?

Uma vez, quando era criança, ouvi alguém no rádio dizer: "A felicidade não é uma estação; é o próprio trem".

Essa frase criou na minha mente a imagem de que a felicidade não é um ponto de chegada, mas sim a própria viagem.

Suponho que isso valha, também, para a inteligência.

Este é o verdadeiro recurso natural de um povo: a inteligência de seus jovens. Somente assim é possível adquirir condições de se ter um país justo, digno, desenvolvido, no qual seja possível a busca pela felicidade.

CONCLU— SÃO

Si 50 millions de personnes disent une bêtise, c'est quand même une bêtise.[3]

Anatole France
(1844-1924)

Tenho certeza de que este livro vai incomodar muita gente.

E é justamente essa minha intenção.

Enquanto ficarmos "deitados eternamente em berço esplêndido", não conseguiremos fazer do Brasil uma grande nação.

A única maneira que temos de conseguir, um dia, ser uma das sociedades mais justas do mundo será edu-

---

3   Se 50 milhões de pessoas repetirem a mesma besteira, nem por isso deixará de ser uma besteira.

cando a próxima geração e não dando esmola para transformar pobre em mendigo (e obter voto de cabresto).[4]

Tenho poucas esperanças de que se consiga algum resultado a curto prazo, mas, se mudarmos as regras do jogo agora, quem irá se beneficiar, sem dúvida, será a geração de seus filhos (e dos meus netos).

Basicamente, o que devemos fazer é assumir a parcela de responsabilidade que a família tem, não apenas na educação dos filhos, mas também na pressão que pode exercer para que as escolas brasileiras deixem de ser esse gigantesco teatrinho a que há tanto tempo estamos assistindo, e se tornem realmente o ambiente ideal para o crescimento intelectual das próximas gerações.

Os jovens brasileiros não precisam saber mais: precisam, isso sim, pensar melhor.

O que as famílias devem entender é que somente pensa melhor quem tem autonomia intelectual, quem sabe estudar sozinho, quem sabe interpretar textos, quem tem espírito crítico, quem não se preocupa em colecionar diplomas e títulos, mas quem tenta ter uma mente cada vez mais aguçada e rica em conteúdo.

É alguém que sabe mudar o mundo e consegue fazer a diferença.

---

4   Dizem que a diferença entre um estadista e um político é que o estadista se preocupa com a próxima geração. Já o político só se preocupa com a próxima eleição!

É alguém que batalha indo contra a correnteza como fazem, por exemplo, aqueles poucos idealistas já citados aqui que tentam transformar a TV em elemento de enriquecimento intelectual, não se conformando com seu atual papel de instrumento de imbecilidade.

Chega de conformismo!

O Brasil precisa mudar e, sem dúvida, não fará isso de cima para baixo.

Vamos começar, então, de baixo para cima.

Vamos criar uma geração que tenha respeito pelos valores, mas que não abaixe a cabeça e não se deixe levar pela correnteza da mesmice.

Querido leitor, você tem ideia da tempestade que vai desabar sobre minha cabeça por ter ousado dizer a verdade a respeito de Monteiro Lobato?

Será que dá para perceber que estamos lidando com pessoas que não pensam com a própria mente, mas que se deixam levar pelos dogmas estabelecidos e sacramentados?

Uma vez, conversando com uma pedagoga muito inteligente, e citando alguns exemplos, ela, de repente, exclamou:

– Mas, então, algumas das leis e regras feitas pelas autoridades são burras!

– Não, minha querida, burros somos nós, que abaixamos a cabeça e aceitamos essas regras como se fossem elaboradas por seres superiores.

Não podemos mais admitir que os ocupantes de cargos políticos, como ministros da Educação ou secretários estaduais ou municipais da mesma pasta, se permitam influir na parte técnica do processo. São políticos e não educadores!

Políticos, diga-se de passagem, muito mal assessorados por pessoas que exibem títulos acadêmicos como se, neste país, um doutorado significasse alguma coisa!

O que o Brasil precisa é de uma **ESCOLA DE VERDADE** e, certamente, não é o que vamos conseguir se as regras forem ditadas por pessoas que nunca seguraram um pedaço de giz na mão!

REFE — RÊNCIAS

É conveniente avisar os leitores de que cheguei às conclusões apresentadas por caminhos normalmente não trilhados por pedagogos, como os dos livros citados a seguir: *The computational brain* (Patricia S. Churchland, Terence J. Sejnowski); *O pensamento artificial: introdução à cibernética* (Pierre de Latil); *Neural networks: a comprehensive foundation* (Simon Haykin); *In the palaces of memories: how we build the words inside our heads* (George Johnson); *The making of memory: from molecules to mind* (Steven Rose); e *Introdução à cibernética* (W. Ross Ashby).

AGRADECIMENTOS

Além dos agradecimentos já citados no primeiro volume, quero insistir no papel benéfico de "censor" que minha paciente esposa Nádya assumiu também aqui. E se alguém achar que fui muito "peninsular" é porque não viu o manuscrito antes da intervenção dela!

Quero deixar, também, um agradecimento muito carinhoso para meu filho Adriano, aquele menino que odiava ler e que agora virou meu editor!

Não poderia deixar de citar meu grande amigo Orlando, de Brusque (SC), que teve a coragem de comprar o primeiro exemplar do primeiro volume (*Aprendendo inteligência*) e que me incentivou a seguir em frente neste novo tipo de autoria.

E vou parar por aqui, porque são tantos os que me incentivaram a prosseguir nessa batalha que poderia correr o risco de esquecer algum deles. Eles, ao ler estas linhas, irão saber quem são e sentirão a gratidão que demonstro pelo fato de terem feito com que eu soubesse que meu trabalho estava sendo útil. Obrigado, pessoal!

Além disso, gostaria de agradecer a todos os alunos, pais, professores, coordenadores, orientadores e diretores que me convenceram a escrever este livro perguntando, no final de cada uma das centenas de palestras que já fiz por este gigantesco Brasil: "Como é, o livro está pronto?".

Pois é... está!

Aprendendo inteligência

Durante muito tempo, acreditou-se que a inteligência fosse uma característica inata. O fator genético era considerado bem mais influente do que o fator ambiental. Porém, ficou demonstrado que inteligência, talento e vocação são características que podem ser adquiridas. Neste best-seller, dedicado aos estudantes de todas as idades, o professor Pier ensina o leitor a aprimorar a inteligência e aplicá-la em diversas áreas do conhecimento.

Ensinando inteligência

Nesse volume, baseado em mais de cinquenta anos de experiência em sala de aula e em mais de cem mil alunos preparados para as melhores carreiras universitárias, o professor Pier apresenta aos professores as inovadoras técnicas das neurociências para estimular, de forma eficiente, o cérebro de seus alunos, transformando-os em estudantes.

Inteligência em concursos

Para quem já terminou o ciclo básico e quer prestar um concurso vestibular, ou para quem já concluiu a graduação e quer iniciar uma carreira prestando um concurso público, o professor Pier preparou uma série de conselhos, técnicas e métodos para o candidato estudar de forma eficiente com máximo rendimento.

TIPOGRAFIA	Laca Text VF e Artigo [TEXTO] Redonda [ENTRETÍTULOS]
PAPEL	Pólen Natural 70 g/m² [MIOLO] Ningbo Fold 250 g/m² [CAPA]
IMPRESSÃO	Rettec Artes Gráficas Ltda. [JANEIRO DE 2025]